엄마의 학교

행복한 아이로
키우는
미래교육법

# 엄마의 학교

백은영 지음

버튼북스

# 지금, 엄마에게
# 왜 미래 공부가 필요할까?

지금 우리는 산업사회에서 지식창조사회로 변하는 역사적 대변혁기에 살고 있다. 시대가 변한다는 것은 이전 시대에 적용되던 룰이 더이상 적용되지 않음을 의미한다. 산업사회에는 공부를 잘하는 것이 필요했고, 성적이 좋았던 아이가 사회에서 성공할 수 있는 사회였다. 그러나 지식창조사회는 공부를 잘해서 사회에서 성공하던 룰이 적용되지 않는 사회다. 지식창조사회는 성적이 아닌 진짜 실력으로 승부하는 한 마디로 '콘텐츠 사회'이다.

아이가 성적과 학벌을 갖는 과정과 콘텐츠를 형성하는 과정은 다를 수밖에 없다. 그래서 엄마는 산업사회의 엄마의 역할이던 교육자에서 이제는 진로지도자로 변해야만 한다. '콘텐츠' 그것도 지식창조사회가 원하는 '창의적인 콘텐츠'를 쌓으려면 20여 년 공부하는 것만으로는 안 된다. 지식의 생성과 변화 속도가 빠르므로 평생학습 과정을 거쳐야 창의적인 콘텐츠를 가질 수 있다.

토끼와 거북이 경주를 떠올려보자. 산업사회 시대에서는 빨리 달릴 수는 있지만 꾀를 내어 게으름을 피운 토끼가 느림보 거북이에게 졌다는 이야기다. 그러나 지식창조사회에서의 해석은 완전히 달라졌다. 능력자인 토끼가 이 시대에는 자신의 능력을 자만해 잠시라도 잠을 자지 않는다. 그래서 토끼보다 능력이 뒤지는 거북이가 언제나 지는 게임으로 바뀌었다.

이것을 우리 현실로 바꾸어보자. 가정의 경제력을 가진 똑똑한 아이들은 쉬지 않고 달려가는 가운데, 경제력과 능력이 토끼보다 뒤지는 많은 거북이들은 경주에서 이기기 어려운 구조가 되었다. 이러한 현실 앞에 거북이 아이들을 가진 엄마들은 한숨부터 나온다. 아이들에게 '무엇을 어떻게 해주어야 하지?' 하는 의문이 생길 것이다. 상황이 변했다고 한탄만 하기에는 우리 아이들의 미래가 어둡기만 하다.

그렇다면 이 시대의 많은 거북이 엄마들은 어떻게 해야 할까? 무엇보다 '게임의 룰'을 바꾸어야 한다. 평지에서 아무리 토끼와 대결해보았자 언제나 지는 게임이라면 무대를 바다로 바꿔보면 어떨까? 그래서 이제는 교육자의 역할에서 진로지도자 역할로 바뀌어야 한다고 제안한다.

대한민국의 수많은 엄마들이 시대의 흐름을 읽지 못하고, 아직 사교육을 통해 얼마 남지 않은 경제력을 쏟아부으며, 지는 게임에 몰두하고 있다. 이런 상황에서는 풍부한 경제력을 가진 토끼들을 이길 재간이 없다. 그런데 지금의 세상은 공평하게 돌아가고 있는 형국이다. 느림보 거북이라도 게임의 룰만 잘 바꾼다면 이길 수 있는 기회가 주어지고 있다.

그 방법은 성적과 학벌에서 조금은 비켜 서 콘텐츠 확보에 눈을 돌리는 것이다. 이것이 승산이 있는 게임인 이유는 지식창조사회는 학벌보다는 창의적인 콘텐츠에 관심을 두고 있기 때문이다. 단 용기가 필요하다. 용기는 미래를 아는 힘으로부터 나온다.

요즘 강의를 다니며 만나는 많은 엄마들은 사교육에 관해 한결같은 고민을 이야기한다. "사교육, 이건 아닌 것 같아요. 그런데 방법은 모르겠고, 대안이 없어 아직까지는 그냥 시키고 있어요." "그래도 좋은 대학을 보내기 위해서라면 사교육에 의존할 수밖에 없는 것 같아요." "어쩌면 나도 아이도 불안감을 극복하기 위해 학원을 포기하지 못하고 있는 건 아닌가 해요." 정말 안타깝지만 공감 가는 이야기들이다.

지금과 같은 시대의 대변혁기에는 위기도 많지만 정말 많은 기회도 있다. 다만 미래가 어떻게 변화할지 모르기 때문에 이에 대한 확신이 없어 용기를 내지 못하는 것이다. 인간은 알지 못할 때 두려움을 느끼기 때문이다.

나 역시 거북이 아들을 둔 엄마다. 이런 시대적 변화를 모를 때 나

엄마의 학교

역시 두려웠다. 그렇다고 내 아이들의 미래인데 손을 놓고 있을 수는 없었다. 어떻게 하면 아이들이 자신의 역할을 수행하며, 앞으로 행복한 삶을 살게 할 수 있을까 매순간 엄마로서 고민했다. 그러다 알게 된 것이 진로지도자로서 엄마의 역할이었던 것이다.

그렇다면 진로지도자로서 엄마의 역할은 어떠해야 할까? 우선 아이의 잠재된 능력이 무엇인가를 매의 눈으로 관찰하여 평가해야 한다. 즉 '평가전문가'로서의 역할을 해야 한다. 다음으로 정확한 평가가 내려진 후에는 아이의 잠재능력에 맞는 교육을 해야 한다. 그래야 내 아이가 좋아하고 잘할 수 있는 분야의 콘텐츠가 쌓이게 된다. 이런 역할을 하는 엄마를 '맞춤식 교육 과정 제공자'라고 부를 것이다. 이 과정을 통해 콘텐츠가 쌓이면 그것을 그 분야의 전문가가 평가해주는 피드백 과정을 거쳐야 하는데, 이런 기회를 제공하는 엄마를 '지역사회 연결자'라고 할 수 있다. 여기에 더해 아이가 살아갈 미래를 파악하여 비전을 제시해줄 수 있는 '미래 전문가' 역할도 해야 한다.

이 네 가지가 갖추어질 때 비로소 자녀를 진로지도할 수 있는 역량을 가진 엄마라 할 수 있다. 엄마의 진로지도 역량은 내 아이가 지금 공부를 못해도, 우리 가정의 경제 여력이 좀 부족해도 내 아이의 미래를 역전시킬 수 있는 필살기라 할 수 있다. 이제 엄마의 진로지도 역량으로 이 시대의 모든 거북이들이 각자 행복을 누릴 수 있기를 바란다. 이것이 지식창조사회를 살아가는 진정한 엄마의 역할이라 믿는다.

진로지도자 역할을 맡는 엄마를 나는 '스마트 맘'이라 할 것이다.

스마트 맘은 '그 시대가 요구하는 가장 고급 정보에 자녀를 접속시켜 (교육하여), 그 시대가 필요로 하는 인재를 만들어 사회에 기여하도록 하는 엄마'다.

인류 역사상 모든 시대에 스마트 맘이 존재했다. 스마트 맘은 그 시대가 원하는 인재를 키워내는 엄마다. 스마트 맘은 각 시대의 가장 고급 정보에 자녀가 접근할 수 있도록 고급 정보 접근 능력을 키워주는 엄마다. 결국 스마트 맘이 키우는 인재란 각 시대가 필요로 하는 고급 정보를 가지고, 그 시대가 원하는 결과물을 내는 사람이다.

각 시대마다 인류는 생존을 위해 원하는 결과물이 달랐다. 농경사회는 식량 생산이었고, 산업사회는 공산품의 대량생산과 시스템 마련이었으며, 정보사회는 다양한 정보 습득이었고, 현재 지식창조사회는 창의적이고 융합적인 아이디어를 통해 만들어내는 창의적인 결과물이다.

그래서 모든 시대의 부모는 자녀들이 시대가 원하는 결과물을 산출하는데 조력하기 위해 그 시대의 가장 고급 정보에 자녀가 접속할 수 있도록 교육하였다. 각 시대마다 고급 정보의 종류와 보유하고 있는 곳이 달랐기 때문에 스마트 맘의 교육 내용 역시 사회의 변화에 따라 다를 수밖에 없었다.

농경사회는 농사의 특성상 협업이 강조되었으므로 인화단결할 수 있는 사람과 근력 있는 남성이 인재였다. 식량 생산을 위한 가장 고급 정보는 그 지역에서 농사 경험이 가장 많은 남성 연장자가 갖고 있었으므로, 부모는 남성 연장자로부터 자녀가 식량 생산에 필요한 기술을 배우도록 하기 위해 예의와 복종을 가르쳤다. 이러한 이유로 농경사회의 주된 교육은 '인성교육'이었다.

산업사회는 대도시의 형성과 인구의 유입으로 대량 생산을 비롯해 사회의 전반적인 시스템 마련이 급선무였다. 이를 위해 배운 사람이 필요하였고, 학교가 세워졌으며, 산업사회 초기에는 3R 교육, 즉 읽고, 쓰고, 셈하는 교육이 실시되었다. 초기의 인재는 문해능력을 갖춘 사람이었지만, 후기로 갈수록 그 시대의 가장 고급 정보를 보유하고 있던 대학을 나온 사람들이 인재가 되었다. 부모들은 어떻게 해서라도 대학에 입학시키기 위해 '입시 위주의 교육'을 하였다. 그 이유는 대학에 들어가기만 하면 자녀의 일생이 보장되었기 때문에 대학 입시를 위한 교육에 총력을 기울인 것이다. 정보사회는 누가 더 많은 정보를 갖느냐의 문제였으므로 인터넷 활용을 위한 '정보화 교육'에 집중했다.

지식창조사회는 인공지능의 대두로 정보와 지식이 넘쳐나 기존의 지식을 습득하고 암기하는 능력은 경쟁력을 잃고 말았다. 지식창조사회는 인류의 생존이 걸린 다양한 문제들을 해결할 창의적인 인재를 기다리고 있다. 인터넷의 대중화로 고급 정보는 이제 대학이 아니라 모두에게 공개된 오픈소스로 공공재가 되었을 뿐만 아니라 SNS를 통해 고급 정보를 갖고 있는 세계인들과 접속이 가능해졌다. 공공재가 된 고급 정보들을 가지고 창의적인 아이디어로 기존의 룰을 변화시킬 수 있는 룰 체인저가 인재가 되는 세상에 살고 있다.

따라서 지식창조사회를 살아갈 아이들을 위한 교육은 이전의 교육과 달라야 한다. 이제 학벌위주의 사회가 아니라 실력위주의 사회로 변했으므로 부모는 입시 교육이 아닌 실력 즉 '콘텐츠 교육'을 해야 한다.

위에서 살펴본 것처럼 모든 시대, 모든 사회에 그 시대가 원하는 인재를 키워낸 스마트 맘들이 있었다. 이 즈음에서 과연 우리는 지식창조사회가 원하는 인재를 키우는 스마트 맘으로 살아가고 있는가? 스스로에게 물어보아야 한다.

- 지식창조사회를 살아갈 우리 아이들을 위해 엄마들은 시대의 변화를 알고 있는가?
- 시대가 원하는 인재상을 명확하게 인지하고 있는가?
- 이들을 선별해낼 선발 제도를 제대로 이해하고 대처하고 있는가?
- 인재로 키울 교육방법을 알고 행하고 있는가?
- 시대가 요구하는 도덕적인 아이로 키우고 있는가?

이 모든 것을 알고 행할 때 진정한 지식창조사회의 스마트 맘이라 할 수 있을 것이다. 그러나 지식창조사회에 살아가고 있는 우리 엄마들이 과연 이 시대의 스마트 맘인가에 대해서는 의문이다. 그 이유는 아직도 산업사회의 패러다임 즉 공부와 성적을 추구하며 학벌을 목표로 하고 있기 때문이다. 몸은 지식창조사회에 살고 있지만, 산업사회의 엄마 역할을 여전히 수행하고 있는 것이다. 만약 지금처럼 지식창조사회에 살아갈 아이들에게 산업사회의 교육을 계속한다면 우리 아이들의 미래는 보장되지 않을 것이다. 그런 조짐은 이미 나타나고 있다. 지식창조사회에서 생존위기에 직면한 기업들이 산업사회형 인재를 거부하고 있기 때문이다. 청년들의 실업률이 그 증거이며 앞으로 더 심각한 현실이 펼쳐질 것이다.

〈아직도 가야 할 길〉을 쓴 스캇 펙 박사는 "엄마란 아이의 털끝 하나 건드리지 않고도 아이를 죽일 수 있는 존재"라고 했다. 시대에 맞지 않는 교육으로 시대가 원하지 않는 인재를 키워내면, 결국 엄마는 아이의 털끝 하나 건드리지 않고 본의 아니게 아이를 죽이게 된다. 1990년대 한국 경제의 뇌관은 신용카드였다. 현재는 가계부채가 뇌관이 되고 있다. 그러나 조만간 '시대에 맞지 않는 교육으로 키워낸 우리의 아이들'이 각 가정은 물론 한국 경제의 뇌관이 될 날이 멀지 않았다.

그렇기 때문에 아이들의 생존과 엄마 자신을 위해서라도 이제 우리 모두는 산업사회의 교육 패러다임에서 벗어나야 한다. 지식창조사회의 교육 패러다임으로 무장한 스마트 맘으로 거듭나 시대가 원하는 인재를 키워내기를 간절히 기도한다.

계명산자락 집필실에서
2020년 봄, 백은영

차례

# 1 엄마의 학교

# 미래를 공부하라

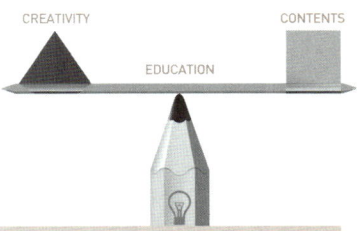

 **2** 엄마의 학교

# 누가 미래인재인가

**3** 엄마의 학교

# 미래의 교육은 어떻게 변화하는가

**4** 엄마의 학교

# 평범한 우리 아이, 미래인재 만들기

# 창의인재로 키우는 미래교육법

엄마의 학교

**1**

# 미래를
# 공부하라

# 당신의 아이는
# 대체인재인가, 창의인재인가

▶ ▶ ▶

지식창조사회는 그 어느 시대보다 급박하게 변화하고 있다. 정보가 두 배가 되는 기간이 농경사회는 3000년, 산업사회는 200년, 정보화 사회는 50년, 후기 정보화 사회는 15년, 지금은 70여일 걸리고 있으며 앞으로는 더 단축될 것으로 보인다. 이런 현실에서 우리 아이들이 살아갈 미래사회를 내다보고 대비한다는 것은 거의 불가능할지도 모르겠다. 그렇다고 넋을 놓고 걱정만 하기에는 현실이 녹록하지가 않다.

미래학자들이 말하기를 인류는 다섯 개의 커다란 물결에 휩싸인다고 하는데, 이미 세 개의 큰 물결은 우리를 거쳐 갔다고 한다. 농경사회의 물결, 산업사회의 물결, 지식정보사회의 물결이 그것이다. 그런데 미래학자들은 이 세 가지는 단지 물결이었다고 한다. 앞으로 올 두 개의 물결은 단순한 물결이 아니라 쓰나미일 것이라 전망한다.

우리는 이미 몇 년 전 일본의 쓰나미를 목격한 바 있다. 나는 동생이 일본에 거주하기 때문에 그 당시 뉴스에 두 눈과 귀를 세우고 시청하면서 쓰나미의 위력을 실감하였다. 한 일본인이 아파트 위에서 캠코더로 쓰나미가 다가오는 광경을 녹화하며 다급한 목소리로 "쓰나미가 몰려옵니다. 저기 보십시오. 엄청납니다. 몇 미터 앞까지 오고 있습니다."라는 말을 뒤로 하고 캠코더가 흔들리더니 녹화가 중단되는 장면이 나왔다.

이처럼 쓰나미의 위력은 인간의 힘으로 대처하기에는 너무나 엄청나다. 그런데 우리 아이들이 살아갈 미래가 쓰나미와 같은 엄청난 위력과 속도로 다가오고 있다니, 다가온다는 말보다는 '덮친다'는 말이 더 맞을 듯하다. 어떻게 부모들이 대처해주어야 우리 아이들의 생존을 보장할 수 있을까?

과거에 사람을 구분할 때 가진 자와 못 가진 자, 또는 아는 사람과 모르는 사람 등으로 표현하곤 했다. 그러나 앞으로 인간의 종류는 세 가지 유형이라고 한다. 첫째는 다가오는 쓰나미와 같은 거대한 물결을 일으켜 선도하는 자. 둘째는 물결을 선도하지는 못했지만 그 물결을 알아보고 간신히 올라타는 자. 셋째는 쓰나미가 오는지도 알아차리지 못하고 한순간에 휩쓸려 가는 자.

첫 번째 유형은 스티브 잡스 같은 사람이다. 아무도 생각하지 못했던 아이디어와 생각으로 창의적인 산출물을 내는 사람이다. 이러한 창조그룹이 미래에는 부를 거머쥘 것이고, 1000조를 소유한 아주 소수의 창조그룹이 등장할 것으로 전망한다.

두 번째 유형은 우리에게는 시골 의사로 알려진 박경철 같은 사람이다. 정보화의 물결로 거대 이동통신사가 그 물결을 알아보고 선도하고 있는 가운데 늦게나마 그 물결을 알아보고 통신사의 주식을 사 모으면서 주식 부자가 되어 간신히 정보화의 물결에 올라탄 사람이다.

세 번째 유형은 아무런 변화의 흐름도 감지하지 못하고 그 물결에 휩쓸려 가는 사람들이다. 산업사회 초입에 증기선이 나와 미래를 선도하는 가운데 범선으로 부를 축적했던 이들(범선주들)은 변화의 흐름을 감지하지 못하고 범선의 돛대를 더 달기만을 요구했었다. 이들은 이내 시대의 흐름을 타지 못하고 사라져 갔다.

나는 엄마들의 유형도 이 세 가지 유형에서 자유롭지 않다고 생각한다.

첫 번째 엄마의 유형은 아이를 위해 미래를 공부하면서 미래의 엄청난 물결을 선도할 아이를 키워내는 엄마. 두 번째 엄마의 유형은 아직 잘 모르지만 첫 번째 엄마의 유형이 옳음을 인식하고, 그들의 방식을 따라 아이를 키우는 엄마. 세 번째 엄마의 유형은 시대의 변화를 놓치고, 그들이 살았던 시대의 경험에 의존해 아직까지도 산업사회의 엄마 역할 즉 학벌과 성적 위주의 공부를 시키는 엄마이다.

미래는 성적만 좋아 일류대학을 가는 아이들을 원하는 것이 아니라, 자신만의 창의적인 콘텐츠로 인류를 구할 인재를 원하고 있다. 이는 서울대학교 학생 중 취업하는 비율이 60퍼센트에 불과하다는 사실을 보면 알 수 있다.(2017년 12월 31일 기준 교육부 대학 알리미 조사에 따르면 응용생물학과, 농경제학과, 바이오 소재공학과는 100% 취업, 통계학과 95.5%, 유일하게 문과에서는 중어중문학과가 95.2%) 서울대학교를 가는 것만이 우리 아이의 미래를 보장해주지 않는다는 것을 알 수 있다.

기업에 입사한 서울대 출신의 60퍼센트의 아이들 모두가 창의인재는 아닐 것이다. 이는 기업 간부들의 말을 들어보면 알 수 있다. 신입사원들의 문제해결력이나 의사소통능력이 부족하다고 아우성이다. 대부분 이 아이들은 기업의 입장에서 볼 때 창의인재가 아닌 대체인재로 여겨진다.

대체인재란 어떤 자리에서 일하는 것이 A군도 되고 B군도 된다는 것이다. 그래서 스펙이 대두되는 것이다. 그러나 기업이 진정으로 뽑고자 하는 인재는 대체인재가 아니라 점점 어려워지는 기업 환경 속에 기업을 살릴 수 있는 창의인재이다. 이런 대체인재는 인공지능 시대에 인공지능으로 조만간 대체될 것이다.

그러나 창의인재란 누구도 대신할 수 없는 자신만의 핵심역량을 가진 인재를 말한다. 세스 고딘이 말하는 '린치핀', '누구도 대신할 수 없는 존재'이다. 따라서 엄마들은 이러한 현실을 인지하고 평균 성적이 좋은 대체인재로 기르기보다는 어떻게 하면 그 누구와도 대체 불가능한 핵심역량을 가진 핵심인재로 키울 것인가? 그 답은 앞으로 다가올 시대를 읽어야 가능하다.

# 일자리를 앗아가는 미래 사회, 세상이 원하는 아이로 키워라

▶ ▶ ▶ ▶

국경 없는 경쟁 시대, 즉 세계화의 문제는 기업뿐 아니라 우리 아이들의 진로에도 영향을 주고 있다. 기업이 경쟁에서 살아남기 위해 안정적인 고용인 정규직(lifetime employment)보다는 일시적인 고용, 즉 비정규직(temporary employment)을 선호하고 있기 때문이다. 과거 기업인들은 근로자를 사업의 필수적인 부분으로 여겼으나 최근에는 선택사항 정도로 인식하기 시작했다. 그래서 인재도 핵심인재, 대체인재, 아웃소싱 인재로 구분하고, 기업에서는 핵심인재만을 정규직으로 하려는 경향을 보인다. 더욱이 현재 정규직인 대체인재도 아웃소싱으로 대체하려고 하기 때문에 안정적인 직업을 갖기가 더욱 어려워지고 취업의 문은 점점 좁아지고 있다.

엄마의 학교

이런 현상은 1990년대 비정규직의 문제가 처음 대두하기 시작하여 IMF 이후 급속히 증가하며 가정 경제의 위협뿐 아니라 아이들의 미래마저 어둡게 하고 있다. 2018년 10월 28일 통계청이 발표한 '경제활동인구조사 근로 형태별 부가조사 결과'에 따르면 비정규직 근로자가 821만 명이 넘은 것으로 조사됐다. 여기에 정규직 임금(321만 4천원)과 비정규직 임금(163만원)의 격차도 심화되고 있다. 왜 이런 현상이 나타나는 것일까? 원인을 살펴보자.

### 웹의 진화

웹은 1.0을 지나 현재 3.0까지 진화하고 있다. 웹 1.0은 전자상거래 시대로 판매자와 구매자가 구별되던 시기였다. 이후 블로그나 유튜브로 대표되는 웹 2.0은 사용자(user)가 직접 콘텐츠를 만들고 또 다른 사람이 만든 콘텐츠를 소비하는 시기를 말한다. 웹 2.0은 앨빈 토플러(미국의 작가이자 미래학자 겸 저술가)가 말한 것처럼 소비자가 프로슈머로 활동하던 시대로, 인터넷을 무기로 콘텐츠를 생산하며 소비하는 소비자의 힘이 강해진 시기였다.

프로슈머prosumer란 앨빈 토플러가 〈제3물결The Third Wave〉에서 사용한 신조어로 판매나 교환을 위해서라기보다 자신의 사용이나 만족을 위해 제품, 서비스 또는 경험을 생산하는 이들을 지칭하는 용어다. 개인 또는 집단들이 스스로 생산PROduce하면서 동시에 소비conSUME하는 행위를 '프로슈밍prosuming'이라 하며, 선진국뿐 아니라 우리나라에서도 프로슈밍 활동이 폭발적으로 증가하고 있다. 이처럼 자신의 목소리를 무상으로라도 내고 싶어 하는 무상노동세대의 요구를 반영하기 위해 구글에서 16억 5000만 달러를 지불하고 유튜브를 인수한 것도 웹 2.0시대에서 살아남기 위한 구글의 승부수였다.

프로슈머가 단기적으로는 기업들을 긴장시키고 있지만, 장기적으로는 개인들에게 큰 재앙으로 다가올 것이다. 그 이유는 무상으로 노동하는 이러한 현상들이 개인들의 일자리를 앗아갈 것이기 때문이다. 마이스페이스, 유튜브, 아마존, 이베이 등 웹 2.0시대의 사용자들이 생산해낸 지식콘텐츠가 사업화되면서 많은 직업 종사자들이 일자리를 잃어갔다. 아마존의 등장으로 중소형 책방은 이미 사라진지 오래고, 이베이로 소규모 상인들이 삶의 터전을 잃어갔다.

웹 1.0과 웹 2.0을 지나 웹 3.0시대에는 정보의 양이 많아지면서 데이터가 쌓이는 빅데이터 시대가 되었다. 빅데이터를 사업에 활용하는 기업들이 늘어나고 있다. 불과 얼마 전만 하더라도 여행을 가려면 휴가 계획에 따라 스스로 여행 정보를 찾아 비행기와 호텔을 예약해야 했다. 그러나 이제는 빅데이터를 활용하여 자신의 여행 경비나 목적, 기간을 입력하면 개인 맞춤식 여행 코스와 정보를 제공해주는 시대가 되었다. 그러다보니 여행사 직원은 물론이고 여행 기획자나 고객 관리를 담당하던 마케팅 부서의 일자리도 컴퓨터가 대신하게 된 것이다. 컴퓨터로 인해 우리의 삶은 과거보다 훨씬 편리해졌지만, 이제는 그런 현실이 우리 아이들의 직업을 위협하는 상황을 만들어낸 것이다.

빅데이터로 인해 컴퓨터는 생각을 할 수 있게 되었고 이를 응용한 사물인터넷 시대가 열리고 있다. 예를 들면 냉장고가 사야 할 부식재료를 알려주고, 이 정보는 슈퍼나 주로 구매하던 인터넷 사이트에 전달되어 배달이 오며, 부엌에 장착된 컴퓨터가 조리법을 알려주는 것이다. 삼성도 이미 스마트폰 시장을 중국에 넘기고 사물인터넷에 관심을 기울이고 있다.

더 나아가 인공지능과 로봇이 상용화되기 시작하면 얼마나 더 많은 일자리가 없어지거나 축소될지 상상만 해도 끔찍하다. 데이터화나 숫자를 사용하는 직업이 가장 먼저 자리를 내주어야 하는 분야가 될 것이므로 회계사나 의사와 같은 전문직도 마냥 안심할 수만은 없다.

이처럼 인터넷을 사용할 수 있는 모두에게 인터넷 주권이 주어지면서 디지털 권력이 개인들에게 넘어왔지만 그로 인해 일자리가 줄어드는 경향과 더불어 비정규직이 늘어났다. 이러한 현실은 고스란히 우리의 아이들이 떠맡게 될 머지않은 미래의 모습이다.

### 로봇과 가상현실

웹이 진화되면 호미 바바 하버드대 교수의 말처럼 가상현실이 우리의 삶을 확장시키게 된다. 온라인 게임의 일종인 세컨드라이프는 이용자가 아바타를 통해 직접 만들어가는 가상세계다. 세컨드라이프를 운영하는 린든 랩Linden Lab의 이사회 의장 미첼 카포는 "10여 년 이내에 가상현실세계가 현재 사용 중인 이메일만큼이나 일반화될 것"이라고 전망하고 있다. 그리고 육체적으로 장애가 있는 사람들이 많은 혜택을 받을 것이라고 주장한다. 언젠가는 가상현실로 암을 치료하는 병원이 등장하고, 현실세계에서는 무상노동을 하고 가상세계에서 직업을 체험하는 날이 올지도 모를 일이다. 이미 시대의 흐름을 읽고 유튜브를 인수했던 구글이 가상현실 업체를 인수한 것을 보면 가상현실이 대세가 될 날도 얼마 남지 않은 것으로 보인다.

로봇의 상용화는 전문직에게도 위협이 되고 있다. 가장 시급한 것이 의료용 로봇인데 지금 의료용 로봇 연구는 가장 핫한 아이템이다. 병원을 운영하는 입장에서 몇 명의 의사 몫을 해내는 로봇을 마다할 리가 없기 때문이다. 특히 영국에서 개발된 인공지능 왓슨은 환자의 진단을 의사보다 더 정확하게 한다는 연구 결과가 최근 발표되었다.

의사도 자신의 진단에 확신을 갖기 위해 로봇에게 물어본다고 하니 왓슨이 의사를 대신할 날이 점점 더 현실화되고 있다는 느낌이다. 왓슨을 처음으로 한국에 들여온 가천의대에서도 동일한 현상이 나타나고 있다. 설문조사에 의하면 의사보다는 왓슨을 더 신뢰한다는 결과를 확인할 수 있다.

### 비즈니스 모델의 변화 – 플랫폼, 무상노동의 증가, 유튜브

웹의 진화, 로봇과 인공지능도 일자리를 앗아가지만 플랫폼 비즈니스의 발달 역시 일자리를 줄이고 있다. 과거 비즈니스는 기업이 생산과 유통, 판매를 통해 소비자에게 다가가는 파이프라인(일방통행) 모델이었다면, 플랫폼 모델은 생산자가 소비자가 되고, 소비자가 생산자가 되는 쌍방향 모델이라 할 수 있다. 대표적인 기업으로 구글과 애플, 페이스북을 들 수 있다.

구글에서 검색엔진으로 업데이트되는 지식콘텐츠들이 전문직을 위협하고 있다. 의사나 변호사의 전문적인 지식들을 일반인이 인터넷을 통해 쉽게 알 수 있으므로 이들의 전문성이 위협받고 있으며, 사법서사 같은 준전문직은 이미 설 자리를 잃고 있다.

의사인 친척이 이런 말을 해 웃은 기억이 있다. 예전에는 환자가 오면 증상을 듣고 진단과 처방을 내리며, 의사로서 전문지식을 설명해주는 것이 의사로서의 권위였다고 한다. 그러나 요즘 환자들은 이미 자신의 병명을 다 알고 오는 것은 물론이고, 약의 종류와 부작용 같은 것도 의사와 상의할 정도라니 과거처럼 의사의 권위가 서질 않는다는 것이다. 인터넷에 쌓인 지식콘텐츠가 전문직의 입지를 흔드는 예라고 하겠다.

페이스북의 경우 사람들이 만나기 위해 사용했던 교통 분야의 일자리를 앗아가고 있다. 페이스북의 영향으로 항공사나 철도회사도 영향을 받고 있으며, 이는 과거에 이메일의 상용화로 우체부의 수가 감소한 것과 같은 현상이다.

유튜브는 자사가 방송하는 수십만의 동영상에 대해서 단 1센트의 비용도 지불하지 않는다. 모든 생산 비용은 서비스 사용자들이 떠안는다. 사용자들이 감독이고 배우이며 작가이고 제작자다. 그들은 사실상 그 기업에 자신들의 노동을 무상으로 기부하고 있는 것이다. 이제 기업들은 점점 더 무임금 노동을 이용할 방법을 찾고 있고, 이런 기업은 즐거움(fun)을 찾는 대중들의 요구에 부응하며 서비스를 제공하고 있기 때문에 일자리는 점점 더 축소될 것이 분명하다.

이처럼 플랫폼을 갖고 있는 소수의 디지털 엘리트 집단과 줄어드는 일자리를 놓고 지속적으로 싸워야 하는 중산층의 몰락은 가속화될 것이다. 그 이유는 플랫폼이 없을 때에 그 자리를 맡았던 것이 중산층의 일자리였는데 이마저도 플랫폼이 앗아가고 있기 때문이다. 플랫폼은 많은 사람들이 자유롭게 참여하지만 보상은 소수만이 받는 구조이므로 대다수 사람들이 생존에 위기를 맞게 된다.

이처럼 사람들은 생존에 위기를 맞이한다는 사실도 모른 채 왜 자신들의 노동을 무상으로 기부하는 걸까? 그 이유에 대해 앨빈 토플러는 이렇게 말한다.

"검색 엔진의 구축처럼 사람들이 자신이 노동을 기부한다는 사실을 인식하지도 못한 채 기부하는 경우도 있다. 한편으로 사람들은 자신의 이익을 위해서 기부한다. 또 다른 경우는 경쟁적이거나 지위 추구적인 요인(유튜브에 영상 올리는 것)도 있다. 하지만 가장 큰 이유는 사람들은 그런 활동을 하면서 즐거움과 만족감을 얻는 데 있을 것이다. 사람들은 본질적으로 뭔가를 만들고 창작물을 다른 사람들에게 보이는 것을 좋아한다. 또한 자신과 가족들에 관해 이야기하고 공동 사회에 참여하는 것을 좋아한다. 그와 같은 일은 인터넷상에서도 다를 바가 없다. 사용자 제작 콘텐츠가 계속 상업화됨에 따라 사회적 생산에 의해 야기되는 가장 큰 위협은 거대 기업이 아니라 개인 전문가들에게 닥칠 듯하다. 웹상에서 무료나 저렴한 비용으로 콘텐츠를 얻을 수 있는데, 왜 아마추어가 기꺼이 무료로 하는 일을 전문가에게 시켜 돈을 지불하는가?"

우리 현실 속에서도 의식하지 못하면서 무상노동을 제공하는 경우를 살펴보자. 스타벅스에 가면 우리가 주문하고, 커피를 우리가 들고 와서 먹고 나면 뒤처리까지 맡는다. 예전 같으면 다방이나 커피숍의 직원들이 하던 일을 고객인 우리가 다 맡아서 하고 있는 것이다. 은행도 마찬가지다. 돈을 입출금할 때 은행원을 대신해서 고객인 우리가 무상으로 노동을 제공하고 있다. 그러면서도 수수료까지 내고 있다. 무심코 하는 행위지만 문제의식 없이 우리는 더 비싼 커피를 마시면서도 우리의 노동을 제공하고, 수수료까지 내면서도 입출금을 하며 우리의 시간을 기업에 제공하고 있는 것이다. 이처럼 우리는 무임금 노동자들이 정규직원들을 대체하는 '크라우드 소싱crowd sourcing' 시대에 살고 있다.

### 경영 방식의 변화 – 고객맞춤식 경영, 나이키, 퓨마, 유니클로, 자라

플랫폼과 같은 비즈니스 모델뿐 아니라 기업의 고객맞춤식 경영도 우리 아이들의 일자리를 위협하고 있다. 웹 1.0에서는 전자상거래로 디자이너가 만든 신발을 주문하고 배달받았다. 그러나 나이키나 퓨마의 경우 2000년부터 소비자들이 직접 자신이 원하는 신발을 디자인해 주문하고 배달받는 시스템을 실시하고 있다.

이는 신발 회사뿐 아니라 청바지 회사나 최근 패스트 패션(최신 유행을 채용하면서 저가에 의류를 짧은 주기로 세계적으로 대량 생산하고 판매하는 브랜드) 업체인 유니클로 등에서는 고객의 디자인을 받아 일주일마다 신상품을 소개하고 있다. 소비자에게 힘이 이동했다는 장점도 있고, 내가 디자인한 것이 상품으로 나올 때의 기쁨도 있지만, 그 기쁨은 잠시일 뿐 장기적으로 그동안 생산에 관계됐던 디자이너들의 일자리가 줄어드는 결과를 가져오고 있다.

고객맞춤식 경영에서 한 걸음 더 나아가 3D프린터가 몇 년 안에 상용화되면 내 몸을 스캔하여 옷도 각자의 취향에 따라 만들어 입게 되는 시대가 전개된다고 한다. 유엔미래포럼의 박영숙 한국 대표는 미래에는 패션 디자이너라는 직업도 사라지게 될 것이라는 미래학자들의 말을 전하고 있다. 각자의 개성 추구와 스마트 기기들의 발달이 맞물려 점점 더 사라지는 직업의 수가 많아질 것이고, 미래 유망 산업으로 뜨고 있는 3D프린터가 상용화되면 제조업은 힘을 발휘할 수 없게 되어 더 많은 실업자가 생겨날 것이다.

## 정규직의 감소와 고용 기회의 축소

위에서 살펴본 것처럼 과학의 발달과 경영 방식의 변화로 직업이 없어진다기보다 그 직업에 고용된 사람이 실업자가 되는 경우가 늘어난다고 말하는 것이 더 적절할 것이다. 축소경제가 되면서 자본가나 사업가는 비용을 줄여야 하므로 계약직과 비정규직이 늘어나고, 개인들의 일자리는 줄어들고 수입 또한 줄어들게 된다. 이러한 상황에서 이제는 인공지능이나 로봇이 아닌 사람만이 할 수 있는 직업을 선택해야 평생고용으로 안정적인 삶을 살 수 있는 미래가 펼쳐질 것이다.

〈소유의 종말〉을 쓴 제러미 리프킨은 이제 시장은 물질이나 지적 재산의 소유에서 네트워크를 통한 접속으로 변화하고 있음을 주장하며, 네트워크 경제의 시작을 알리고 있다. 이제는 무엇을 가지고 있느냐보다는 어떤 콘텐츠와 연결되어 있느냐가 더 중요하다. 그러면 연결되어야 할 콘텐츠란 어떤 것일까? 이에 대한 답을 앨빈 토플러의 저서 〈제3의 물결〉에서 찾아볼 수 있다.

앨빈 토플러는 각 물결을 일으켰던 부의 창출 시스템에 대해 이와 같이 설명한다. 제1 물결(농경사회)은 키우는(growing) 것을, 제2 물결(산업사회)은 만드는(making) 것을 기반으로 했다면, 제3 물결(지식정보사회)은 서비스하는(serving) 것, 생각하는(thinking) 것, 아는(knowing) 것, 체험하는(experiencing) 것을 기반으로 부가 창출될 것이라 전망한다.

제1의 물결은 식량 생산을 말하며, 제2의 물결은 물건 생산을 의미하고 있으며, 여기까지는 가진 자와 그렇지 못한 자의 구별이 중요했고 소유라는 개념이 핵심이었다. 그러나 현재 제3의 물결에서는 부의 창출 기반인 서비스, 생각, 지식, 체험에 어떻게 접속할 것인가와 연결된 콘텐츠의 질적 수준에 따라 부가 판가름나게 되는 것이다.

접속의 시대는 경영 방식도 생산과 판매 중심에서 마케팅과 소비자와의 관계 구축을 중심으로 변화된다. 따라서 과거 경제에서는 물건을 계속 구입하도록 유도하는 것이 중요했지만 새로운 경제에서는 고객과 지속적인 관계를 맺는 것이 중요해졌다.

제러미 리프킨은 "접속은 새로운 가능성과 기회로 가득 찬 세계로 들어가는 구멍을 연상하며, 접속은 개인의 발전과 자아실현을 약속하는 입장권이 되었다"고 말한다. 이러한 네트워크 경제의 핵심은 '연결성'으로 〈와이어드wired〉의 편집 고문 케빈 켈리는 "앞으로 다가올 시대에 우리가 해야 할 가장 중요한 행위는 모든 것을 모든 것에 연결시키는 것"이라고 하였다. 접속의 시대에 가장 큰 불안은 거미줄 같은 연결망에 끼어들지 못하는 것이다.

그렇다면 서비스, 지식, 생각, 체험에 접속하는 예를 들어보도록 하자. 우리가 인지하기 못하는 사이에, 이미 우리는 접속의 패러다임 세계에 놓여져 있으며, 일상의 여러 부분에서 자연스럽게 '접속'을 받아들이고 있다.

### 서비스 – 정수기

20세기 말 언젠가부터 정수기가 우리 가정에 들어오기 시작했다. 여러 회사가 있었지만 선두를 달리던 회사와 그 외의 회사 간에는 차이가 있었다. 대부분의 정수기 회사는 정수기를 파는 행위에 집중하였다. 가가호호 방문을 하며 정수기의 이점과 가격 분할에 대한 설명에 공을 들였다. 즉 정수기를 소유의 개념으로 보고 생산과 판매의 경영 방식을 택한 것이다.

그러나 한 회사는 정수기를 고객에게 파는데 집중한 것이 아니라, 고객과의 연결을 통해 자기 회사의 서비스를 팔려고 하였다. 그러다 보니 고객과의 접점에서 상대하는 직원 교육을 강화했고, 고객들은 질 높은 서비스를 받으며 만족하였다. 이 회사는 정수기를 소유의 개념으로 본 것이 아니라 정수기를 고객과 접속할 수 있는 매개로 본 것이다.

지금에 와서 보면 소유의 개념을 내건 회사들은 흔적을 찾아볼 수 없게 되었고, 오히려 접속의 개념으로 정수기를 보았던 회사만이 살아남게 되었다. 그 후 다른 기업도 이와 같은 방식을 택하고 있다. 기업이나 개인 모두 시대의 흐름을 아는 것이 얼마나 중요한가를 보여주는 좋은 예라 할 수 있다.

### 지식 – 씨앗

미래는 종자전쟁이 될 거라 미래학자들은 예상한다. 전 세계는 종자 확보에 이미 비상이 걸렸다. 씨앗이란 매년 사야 되는 거여서 일단 확보만 되면 안정적인 수익을 거둘 수 있는 황금 알을 낳는 거위이기 때문이다.

그래서 종자를 확보한 국가에서는 유전자 조작을 통해 특허를 내고 특수 화학물질을 뿌려 한 번만 싹을 틔우도록 하고 있다. 선진국들이 이미 중요성을 알고 이런 시도가 이루어지는 가운데 우리 농촌에서는 뒤늦게야 이러한 분야에 눈을 돌리고 투자와 개발을 진행하고 있는 상황이다. 조금 더 상황을 인지했다면 우리 농촌 경제가 조금 더 나아지지 않았을까, 하는 안타까운 마음이 든다.

이제 유전자는 팔리는 것이 아니라 빌려주는 것이 된 것이다. 농부들은 종자회사에 돈을 내고 일 년 접속권을 사야 농사를 지을 수 있게 되었다. 이렇게 독점권을 가진 유전자는 가격을 내릴 이유가 없다. 앨빈 토플러가 말한 지식이 부를 창출하는 시스템의 완벽한 예라고 할 수 있다.

## 생각 – 체인점

한국에도 체인점 사업이 봇물 터지듯 늘어나고 있다. 초기에는 깔끔한 인테리어나 일정한 맛으로 관심을 끌었으나 최근에는 자신만의 콘텐츠가 없는 은퇴자들의 생계를 위한 체인점이 넘쳐나고 있는 상황이다. 체인기업은 물건을 판다기보다는 기업의 개념, 상표와 같은 무형의 자산을 파는 것이다. 맥도날드는 햄버거를 파는 것보다 햄버거 매장을 파는 것이 더 유리하며, 이는 상품의 대량생산(산업사회)이 아니라 개념의 대량생산(지식사회) 시대가 열렸음을 의미한다.

체인점주는 사업체를 소유했다기보다 사업의 핵심인 개념, 운영방식, 브랜드에 단기간 접속할 수 있는 허락권을 산 것이다. 즉 접속의 합의이지 소유권의 양도는 아니다. 체인점의 사장은 어쩌면 거대 체인기업과 접속하여 자신의 노동력을 팔고 있는 것으로 보는 것이 더 타당할 듯 보인다. 이미 우리나라도 사람들이 인식하건 못하건 소유의 시대에서 접속의 시대로 깊이 들어와 있음을 실감하게 된다.

## 체험 – 문화와 놀이

이제 산업생산 시대에서 서비스 판매 시대를 거쳐 최근에 문화생산 시대로 넘어가고 있다. 즉 문화적 체험을 파는 사업 — 세계 여행, 관광, 테마 도시, 공원, 오락, 건강, 패션, 요리, 프로 스포츠, 게임, 음악, 영화 사이버스페이스의 가상세계 — 이 하이퍼 자본주의의 새로운 주역이 될 것이다.

문화생산시대가 되면 노동은 유희로 변한다. 즉 산업시대는 노동을 상품화하였다면, 접속의 시대에는 놀이가 상품화 ― 제의, 예술, 축제, 사회운동, 영성 수련과 공동체 활동 등 ― 되면서 유료화되어 체험경제로 넘어가는 것이다. 유튜브가 대표적이다. 이처럼 살아 있는 체험이 상품화되는 체험산업은 새로운 글로벌 경제의 지배자가 될 것이다.

미래학자 제임스 오길비는 "이제 소비자는 내가 아직 가지고 있지 않은 것 중에서 가지고 싶은 것이 무엇인가? 를 묻지 않고 내가 아직 체험하지 못한 것 중에서 체험하고 싶은 것이 무엇인가를 묻는다."라고 말했다. 체험경제에서는 상품이 아니라 '기억, 추억'이 중요시되며 심지어 제조업조차 상품을 체험화해야 한다. 이제 미래의 기업은 고객의 생활 전체를 설계하고 관리하는 역할을 맡게 될 것이다.

# 경력사다리가 사라지고
# 경력그물망의 시대가 온다

▶ ▶ ▶

최근 사라지는 직업의 속도가 빨라지고 있다. 기존에 있는 직업으로 진로 지도를 할 경우 아이들이 활동할 시기에는 없어지는 직업이 꽤 있을 것으로 보인다. 미래학자들은 기존 직업의 80퍼센트가 없어질 것으로 예상하고 있으니 말이다. 이처럼 기존의 직업들이 사라지고 있기 때문에 아이들에게 기존 직업을 권하기보다는 미래의 직업 환경에 대해 설명해주는 것이 더 바람직한 진로 지도라고 생각한다. 나아가 기존에 없는 직업을 만들어서(창직) 그 직업에 온리 원이 되도록 교육하는 것이 더 현실적일 방안이 될 수 있다.

앞으로 정규직은 점점 더 줄어들 것이고, 비정규직 또는 파견직이 늘어날 전망이다. 찰스 핸디는 〈코끼리와 벼룩〉이라는 책에서 정규직을 말하는 코끼리보다는 자신만의 콘텐츠로 무장한 비정규직 프리랜서 즉 벼룩이 더 늘어날 것이고, 정규직보다 더 유리한 위치에서 활동할 가능성이 커지고 있다고 말하고 있다.

과거처럼 기업은 우리 아이들에게 경력사다리career ladder 즉 말단 직원에서 시작해 시간이 흐를수록 직업 위계가 올라가는(승진) 직업 구조를 마련해주기 힘들 것이다. 이미 기업의 조직도 수직적인 조직 구조에서 팀 중심으로 업무가 이루어지는 수평적인 조직 구조로 바뀌고 있다. 누구나 아이디어만 있다면 자신이 맡은 프로젝트의 리더가 될 수 있다. 과거처럼 연공서열에 의해 리더를 맡는 시대는 이미 가고 있다. 오히려 각자의 경력을 주도적으로 확장하는 경력그물망career lattice의 시대에 돌입하고 있는 것이다.

이를 대비하기 위해서는 업무의 유연성과 탄력성이 필요하다. 미래는 카멜레온처럼 환경에 적응하는 사람만이 살아남게 되는 직업 환경이 펼쳐진다고 한다. 이는 들뢰즈Gilles Deleuze, 프랑스의 철학자가 말한 리좀Rhizom처럼, 마치 감자를 캘 때 여러 개가 딸려 나오듯 자신의 경력 영역을 확장시키는 패턴으로 아이들의 경력이 개발되어야 함을 의미한다.

이효리가 좋은 예이다. 이효리는 가수로 출발하였지만 다양한 능력을 발휘하며 사회자로 예능인으로 또는 화려한 퍼포먼스로 대중에게 재미를 주는 퍼포머performer로 자신의 영역을 확장하는 모습을 보여주었다. 최근에는 유기견이었던 반려견을 입양하고 진심으로 사랑하는 모습을 보여 사회적 인식에 영향을 주기도 하였으며, 〈효리네 민박〉과 〈캠핑클럽〉은 브이로그(일상생활을 보여주는)를 프로그램화한 것으로 크리에이터로서의 진정성 있는 면모도 보여주었다.

이런 이효리를 단순히 가수라고만 할 수 있을까? 과거에는 가수라 하면 신인가수, 중견가수, 원로가수로 구분하였다. 그러나 미래는 이런 모습보다는 자신의 능력을 개발하며 다양한 모습을 보여주는 '영역 확장자'를 원하고 있다.


미래에는 경력개발 방식뿐 아니라 직업 위계의 형태도 달라진다. 들뢰즈 표현처럼 하나의 고원에서 천 개의 고원으로 바뀔 것이다. 들뢰즈의 이 표현을 직업에 비유해볼 수 있다.

과거 직업들은 위계를 가진 하나의 산만이 존재했다. 그 산의 아랫부분에는 몸으로 하는 노동과 관련된 직업, 으레 우리가 말하는 블루칼라 노동자가 위치한다. 산의 중간 부분에는 화이트칼라(정신노동자)가 그리고 최상단부에는 전문직과 관료와 같은 직업이 위치한다. 즉 과거에는 직업의 위계에 따라 귀천이 나뉘는 형태였다.

그러나 미래에 펼쳐지는 상황은 이와 다를 것이다. 들뢰즈의 말처럼 한 개의 고원이 아닌 천 개의 고원이 존재하게 되는데, 천 개의 고원이란 의미는 각 직업마다 각각의 산이 존재하게 됨을 의미한다. 즉 청소부의 산, 의사의 산, 변호사의 산처럼 말이다.

청소부의 산에도 하단부에 존재하는 청소부가 있는 반면 청소 도구를 개발하거나 청소 매뉴얼로 사업화하는 상단부에 존재하는 청소부가 있게 된다.

의사의 산을 살펴보자. 의과대학을 나와 모든 의사가 할 수 있는 능력만 가진 의사는 의사라는 산의 하단부에 존재하며, 자신만이 할 수 있는 의술을 가진 의사나 특허를 가진 의사는 의사라는 산의 상단부에 존재하는 형태가 될 것이다. 그래서 같은 의사라도 어떤 의사는 여느 직업보다 수입이 더 적을 수도 있으며, 상단부에 위치한 의사는 명예와 돈을 다 거머쥐는 형태가 될 것이다. 변호사의 산도 마찬가지다.

이러한 현상이 점점 더 현실화되고 있다. 엄마들이 좋아하는 변호사나 의사도 예전처럼 확실한 미래를 보장해주지 못하고 있다. 변호사의 경우 로스쿨의 취업률은 25퍼센트이고 연봉 2400만 원 이하의 변호사의 수도 늘어나고 있다. 의사의 경우 종합병원에 밀려 생계를 위협받고, 심지어는 신용불량자로 전락하는 경우도 늘어나고 있다. 원격진료나 의료로봇의 실용화가 이루어지면 더 심각한 현실이 의사라는 직업을 위협할 것이다.

이제 직업은 과거처럼 직업의 위계가 존재하는 것이 아니라, 개인의 능력에 따라 같은 직업이라도 수준이 나뉘는 형태가 될 것이다. 이제 우리 아이들은 자신의 능력을 다양하게 개발하며, 영역 확장을 해나가는 동시에 자신이 하고 있는 직업에서 상단부에 진입할 수 있도록 노력해야 할 것이다.

이런 예를 말해주는 좋은 예가 강호동이다. 강호동은 씨름으로 시작해서 천하장사로 씨름계의 상단부를 차지했다. 강호동이 산업사회의 패러다임을 가졌더라면, 다른 씨름 선수들과 마찬가지로 씨름 코치나 국가대표 감독을 향해 달려갔을 것이다. 그러나 그는 천하장사라는 타이틀을 과감히 버리고, MC계에 뛰어들어 또 한 번 최고의 자리를 차지하고 있다. 미래의 진로는 이런 모습이어야 한다.

홀Karen J. hall이 말한 것처럼 앞으로는 그리스 신화에서 나온 프로테우스 신과 같이 자신의 의지에 따라 변화할 수 있는 프로테안적인 진로(protean career)가 중요해질 것이다. 이제 엄마의 역할도 대학만을 목표로 하는 편협한 시각에서 벗어나야 한다. 우리 아이들이 자신의 핵심역량을 확장해가는 미래 사회가 필요로 하는 영역 확장자가 되도록 장기적이고 체계적인 진로지도가 필요한 시점이다.

# 내 아이의 일자리,
# 과연 남아 있을까?

▶ ▶ ▶

〈직업의 종말〉을 쓴 테일러 피어슨은 "대학을 졸업해 평범한 직장인이 되는 시대는 끝났다"고 말한다. 그렇게 말할 수 있는 근거는 2015년 벤처 캐피털 회사 클라이너 퍼킨스 코필드&바이어스가 제시한 미국 인구 통계국의 자료에 있다. 이 자료를 기준으로 발표한 보고서에 따르면 1948년부터 2000년까지는 일자리가 인구보다 1.7배 빨리 성장했다. 하지만 2000년 이후부터는 인구가 일자리보다 2.4배 빨리 성장했고, 일자리는 정점을 찍었으며, 더욱이 20세기 후반을 특징지었던 고임금의 일자리의 시대는 이미 지나갔다고 볼 수 있다. 이런 상황에서 "우리는 어떻게 해야 일자리를 얻을 수 있을까?"라고 질문하기보다는 차라리 "어떻게 해야 일자리를 창출할 수 있을까?"라는 질문을 해야 한다고 주장한다.

테일러 피어슨은 직업이 종말하고 있다고 볼 수 있는 세 가지의 이유를 설명해내고 있다.

첫째, 지난 10년간 통신기술이 급격히 발달했고, 전 세계 교육 수준이 향상되어 기업들이 특정 지역이나 국가를 넘어 어디서나 필요한 인력을 고용할 수 있게 되었다. 이러한 기업들은 몇 백 명 이상 고용하는 대기업이 아니라 몇 명의 직원이 해외 각지에 배치되어 일을 하는 글로벌 비즈니스의 새로운 형태인 '마이크로 – 멀티내셔널'이며, 이러한 기업들이 세상의 주목을 받고 있기 때문이다.

둘째, 산업사회에서는 기계가 노동자들의 직업을 앗아갔지만 최근에는 인터넷이 사무직 종사자는 물론 전문직까지 위협하고 있다는 점이다.

셋째, 전통적인 대학 학위(학사, 석사, 박사)가 너무 흔해져서 예전에 비해 학위 가치가 낮아졌다는 것이다. 20세기에는 높은 학위(석, 박사)를 얻는 것이 직업을 얻는 확실한 길이었지만 21세기는 사업가로서의 길, 기업가 정신으로 무장된 창업이 해법이라고 주장한다.

과거에는 창업하는 것이 초기 자본(장비구매, 직원고용, 사무실 임대)에 대한 부담 때문에 일반적으로 직장 생활보다 어려운 일이었고, 직업을 가져야만 좋은 보수를 얻을 수 있었다. 그렇기 때문에 우리는 별로 고민하지 않고 직업을 택한 것이다. 그러나 세상의 구조가 완전히 바뀌어 과거보다 더 안전하고, 쉽고, 수익성 있게 창업을 할 수 있는 유리한 환경이 조성되어 사업가들은 창업 비용을 낮추고, 새로운 시장을 개척하며, 새로운 유통망까지 형성할 수 있게 되었다.

예를 들면 질 좋은 소프트웨어와 인력을 아웃소싱하고, 클라우드에 인프라(플랫폼 사업)를 구축하는 방식으로 적은 돈으로 부채 없이 사업을 시작할 수 있게 되었다. 아마존 창업 부문 베스트셀러 1위를 차지한 댄 노리스의 저서 〈창업 7일이면 충분하다〉에서는 일주일 만에 사업 아이디어를 검증하고 창업을 실행하는 방법을 배울 수 있다고 주장할 정도로 창업의 문턱이 낮아지고 있다.

엠제이 드마코는 그의 저서 〈부의 추월차선〉에서 부에 이르는 재정적 로드맵을 두 유형으로 분류했다. 부의 서행차선의 길인 '직업'은 우리 사회에서 자란 사람들 대부분이 가는 경로로 얼마를 받든 시간에 얽매여 있다. 시간은 한정된 자원이기 때문에 시간을 만들어낼 수 없으며, 게다가 수익을 늘릴 수 있는 방법이 오직 시간을 투자하는 것밖에는 없다는 것이다. 또한 직업은 우리를 통제하기 때문에 아무리 유능한 사람이라도 직장이 문을 닫는다면 직장을 잃게 된다.

부의 추월차선은 대부분의 사람들이 보지 못하는 경로로 '창업'을 거론하며, 이것이 더 쉽고 안전하고 수익성 있는 길이라고 주장한다. 창업한 많은 사람들이 자신을 창업으로 이끈 힘이 '자유'였다고 말한다. 최근에 소득 감소를 감수하고 탄력 근무를 하거나 장소에 구애받지 않고 일하는 사람들이 늘어나고 있는 것도 돈과 자유에서 자유를 택하는 사람들이 늘어나고 있음을 의미한다. 현재 우리는 인터넷과 정보과학기술 덕에 과거와는 비교할 수 없는 자유를 누리게 되었다.

이처럼 새로운 기회를 잡은 소수 그룹인 창업가들은 넘쳐나는 기회에 어쩔 줄 몰라 하고 있다고 한다. 대부분의 사람들이 직업을 구하는 것이 어렵다고 좌절하고 있을 때 왜 이들은 넘쳐나는 기회에 어쩔 줄 몰라 하는 걸까? 그 답은 선점되지 않은 땅을 알아보고 자기 것으로 만들려는 안목을 갖고 있기 때문이다.

지금 우리가 땅을 얻는 것은 불가능에 가까울 정도로 힘든 경제 상황에 처해 있지만 아직도 선점되지 않은 미개척의 땅이 인터넷이란 세상에는 지천으로 널려 있다. 눈에 보이는 땅만이 아니라 인터넷 세상에 가상의 땅도 땅인 것이다. 왜냐하면 우리는 현실 속에 살고 있지만 가상의 현실 속에서도 살고 있기 때문이다. 과거와는 다르게 지금을 사는 우리들은 두 개의 현실을 갖게 되었으며 가질 땅이 두 배 아니 수도 없이 많아졌다. 단 두 개의 세상에 살고 있다는 사실을 인식하고 다른 사람보다 선점하려는 도전의식이 있을 때 이를 이용하는 것이 가능해진다.

엄마들이 그토록 부러워하는 빌 게이츠나 스티브 잡스, 마크 저커버그는 왜 대학을 중퇴했을까? 이들에게는 '선점되지 않은 미개척의 땅을 보는 눈과 선점해야 한다는 지혜'가 있었기 때문이다. 왜냐하면 이제 2인자는 필요하지 않을 뿐더러 선점한 그 1인이 모든 것을 가져가는 방식으로 게임이 룰이 바뀌었기 때문이다.

언젠가 기자가 빌 게이츠에게 "왜 당신은 대학을 중퇴했습니까?"라는 질문에 "내가 윈도우란 개념을 생각해내었을 때 이 지구 어디엔가 나와 똑같은 생각을 하는 사람이 존재할 거라 믿었습니다. 그렇기 때문에 대학을 졸업하는 것보다는 창업을 가능한 빨리 하는 것이 제게는 더 중요했습니다."라고 그가 말한 것은 미개척의 땅을 선점해야 하는 이유를 말한 것이다.

나는 우리나라의 아이들도 이러해야 한다고 생각한다. 어머니들이 꼭 기억했으면 하는 것을 나의 경험에 비추어 말해보고 싶다. 내가 13년 전 대학원에 다시 들어갔을 때 교정에 '학력중심사회에서 실력중심사회로'라는 플래카드가 붙여져 있었다. 자세히 보니 전국 대학 교수들이 이 주제로 학회를 연다는 것이었다. 그 당시만 해도 나는 부모 교육 강사로 특히 학습법에 대한 강의를 많이 했고, 대치동과 목동, 중계동의 학원가는 불야성을 방불케 할 정도로 사교육이 피크를 치고 있던 시기였다. 사실 나는 그 플래카드의 문구가 약간 낯설었고, '이건 뭐지?' 하는 생각을 했다.

현실에서는 사교육 광풍인데 왜 전국의 교수들은 한자리에 모여 '학력중심사회에서 실력중심사회'를 논의하는 걸까? 라는 의문이 들었다. 그리고 10여 년의 세월이 흐른 후 이 문구는 현실화되고 있다. 각 분야의 전문가들은 일반인들이 알기 훨씬 전부터 미래에 올 현실에 대해 논의하고 준비하고 있음을 알게 되었다.

그런데 지금 공포스러울 만큼 또 다른 플래카드가 내 마음속에 나부끼고 있다. '학벌사회의 종식, 직업의 종말, 대량실업의 시대, 중산층의 몰락, 빈곤층으로 전락, 고독사. 내가 공포를 느끼는 것은 10여 년 전 알게 된 것이 그대로 현실화되고 있다는 것. 그렇다면 지금 내 마음에 붙여진 또 다른 플래카드의 현실이 10년 내에 현실화될 것이라면 어머니 여러분도 지금 아이의 미래를 위해 무엇을 해야 할 것인가 고민해보아야 할 것이다.

# 사라지는 직업과
# 뜨는 직업을 주목하라

▶ ▶ ▶

미래학자들이 소멸될 것이라고 예측하는 직업은 금융업, 대기업, 의사, 교수, 교사, 변호사, 기자, 공무원이고, 20년 안에 사라지는 직업은 판사, 회계사, 텔레마케터, 부동산 중개인, 자동차 엔지니어, 기계 전문가, 비행기 조종사, 항공 공학자, 경제학자, 세무사, 보험 심사역 등이라고 한다.

박영숙 사단법인 유엔미래포럼 대표는 앞으로 10년 동안 가장 변화가 큰 사업은 모바일 뱅킹의 확산으로 금융업이 될 것이며, 2020년 안에 은행 지점은 대부분 사라질 것이라고 한다. 2020년 대기업과 기존 산업의 붕괴가 시작되고, 2030년 공무원들의 대부분의 업무는 인공지능과 로봇이 대체하면서 많은 공무원들이 일자리를 잃게 될 것이라고 내다봤다. 2030년 뉴스의 90퍼센트를 컴퓨터가 쓰게 되며, 당연히 기자들은 실업에 내몰릴 것이고, 평론을 할 수 있는 역량을 가진 기자만 살아남을 것이다. 왓슨과 같은 인공지능에 밀려 의사의 80퍼센트가 인공지능으로 대체될 것이다. 인공지능으로 사라지는 일자리들은 보험사의 영업사원이나 손해사정인, 은행원, 재무분석가, 펀드매니저, 금융관련 매니저 등이다.

〈일자리혁명 2030〉을 쓴 박영숙, 제롬 글렌은'미래에 새롭게 부상하는 24가지 산업과 일자리'에 대해 다음과 같이 말하고 있다.

### 1. 인공지능 교육 사업

구글, 애플, 페이스북, 아마존 등 세계 10대 기업이 가장 많은 투자를 하는 곳이 인공지능 분야이고, 테슬라의 일론 머스크는 뉴럴링크 Newralink라는 뇌 - 컴퓨터 인터페이스 회사를 설립했다. 머스크는 인공지능을 인간의 뇌와 결합시켜 알츠하이머나 치매 같은 질병을 치료하는 것은 물론 인간의 뇌 성능을 획기적으로 향상시켜주는 인공지능 개발을 목적으로 하고 있다. 이처럼 세계 최대의 기업들 모두 인공지능에 힘을 쏟고 있듯이 앞으로 인공지능이 가장 핫한 분야다.

모든 학교는 AI 스쿨로 변한다. 인실리코 메디슨의 CEO 알렉스 자보론코프는 '아시아 AI허브'를 만들어 세계 최고 인공지능 브레인들을 한국을 포함해 아시아에서 데리고 와서 그들을 최고의 인공지능 전문가로 교육시켜 전 세계에 내보내거나 한국에 인공지능 일자리를 만들려는 계획을 가지고 있다.

가장 좋은 교육 플랜은 인공지능 학교, 즉 AI학교에 다녀서 인공지능에 대해 공부하고 최고 연봉을 받으면서 구글, 애플 아마존, 페이스북 같은 기술 기업에 들어가는 것이 가장 좋은 교육 플랜이다. 그 다음이 인공지능을 공부해 창업하는 것이다.

## 2. 태양광 발전 산업

인공지능 다음이 솔라 잡Solar Job, 즉 태양광에너지 관련 일자리다. 미래학자들은 모든 에너지가 태양광으로 전환되는 시기를 2030년으로 본다. 우리나라가 태양광 발전으로 넘어가는 시점도 2020년 경이다. 기업인들이 가장 싼 전기료를 선택할 것이기 때문이다. 그렇게 되면 독점이 끝나고 한국전력이 고용하던 사람들보다 열 배나 많은 태양광 일자리가 탄생한다. 태양광 프로젝트 개발, 태양광 패널 생산과 설치, 태양광 스마트 그리드, 전기차 기술 등 많은 분야에서 새로운 일자리가 창출된다.

이처럼 현재 가장 큰 폭으로 일자리가 증가하는 분야는 태양광 발전 관련 일자리라는 건 분명하다. 미국은 화석 연료 관련 산업에 종사하는 사람보다 솔라 잡을 가진 사람이 두 배로 많아졌다. 한국에서도 태양광전지의 효율성이 점점 더 높아지면서 가장 많은 청년 일자리를 만들게 될 것이다.

## 3. 대기 속 수분 수확 산업

미래에는 지구온난화로 강과 저수지, 지하수가 마르기 때문에 국가들 간의 물 전쟁이 일어날 것이다. 식수 공급 시스템이 이러한 위기에 대처하기 위해 공기 중에서 물을 얻어 인공비를 내리는 주문형 수분 수확기를 개발하고 있다. 이미 기기와 기구들이 개발되고 있다.

### 4. 드론 산업

미래에는 비행기를 사람이 운전하지 않고 기기나 리모컨으로 운전한다. 현재 드론은 택배 드론과 촬영 드론 두 가지다. 앞으로 음식 배달 드론, 범인 추적 드론, 파티용 조명과 음악을 틀어주는 파티 드론, 양치기 드론, 군사용 정찰 드론, 중계 드론, 병충해 감시 드론, 농약 살포 드론 등, 그 종류는 셀 수 없이 많아진다. 따라서 드론 조종과 교통을 담당하는 전문가가 필요해질 것이다.

### 5. 3D, 4D프린팅 산업

3D프린팅 기술은 의약품, 식품, 항생제, 의복과 신발 등 다양한 분야에서 활용되고 있다. 〈와이어드〉의 전 편집장이자 저널리스트인 크리스 앤더슨은 "앞으로 3D프린팅 기술이 인터넷이 세상을 바꿨던 것보다 더 크게 바꿀 것"이라고 말했다.

최근 골드만삭스는 3D프린팅 기술이 현존하는 기업 환경을 창조적으로 파괴할 8대 기술 중 하나라고 발표했다. 일단 제조업이 사라진다. 가장 빨리 사라질 제조업은 플라스틱 제품을 만드는 공장이다. 소재는 플라스틱에서 세라믹으로 넘어가 빨리 마르는 시멘트로 집을 프린트하고, 금속으로는 자동차 바디를 프린트한다.

3D프린트 산업이 발전하면 가장 먼저 3D 잉크 개발자가 중요한 일자리가 된다. 특히 생명공학 산업 분야에 사용될 바이오 잉크는 인공 신체 조직을 제작한다. 피부나 조직은 줄기세포나 세포 배양을 통해 프린트하거나 콜라겐 등 특수 잉크를 사용하는데, 이미 수백 가지의 잉크들이 개발되고 있다. 미래에는 잉크를 개발하거나 공급하는 사람들이 큰 부자가 된다.

그 외에도 3D프린터 설계에 대한 정보와 설계 분류, 표준화, 품질 등을 관리할 수 있도록 프린터를 설계하는 설계 엔지니어, 신체 장기 에이전트 등의 직업이 주목받게 될 것이다.

### 6. 모바일 앱 개발 산업

현재 200만 개 이상의 앱을 스마트폰에서 이용하고 있으며 스마트 슈즈, 스마트 홈, 스마트 카 등 다른 기기들과 연결된 앱들이 우리의 생활을 바꿔놓고 있다. 앞으로 중국과 인도, 베트남 등 동남아시아의 앱 시장이 급성장하면서 전 세계 수천억 달러의 시장이 창출될 것이다.

### 7. 센서 산업

2011년부터 2017년까지, 불과 6년 만에 센서는 1,000만 개에서 35억 개로 늘어났다. 센서의 아버지로 불리는 페어차일드의 이사인 야누슈 브라이젝은 2020년 1조 개의 센서가, 2030년대 중반에 이르면 100조 개의 센서가 존재하는 세상이 되어 센서 분야에서 새로운 일자리 수백만 개가 생겨날 것으로 예측했다.

### 8. 인공지능을 이용한 암 진단 및 면역 치료 산업

인공지능을 이용한 면역 요법은 환자의 면역 시스템을 훈련시켜 암세포를 공격하게 한다. 현재 암 치료의 성공 비율은 20퍼센트 중반에 이르지만 면역 요법은 이를 50퍼센트까지 끌어올릴 수 있다. 2025년까지 면역 요법의 시장 잠재력은 100~150억 달러 규모에 이르며 암 중에서도 폐암에 가장 먼저 적용될 것으로 전망한다.

### 9. LED 산업

산업용 LED는 일반적인 광원에 비해 3가지 장점을 가지고 있다. 에너지를 85퍼센트 절감할 뿐 아니라 수명이 길고 쉽게 프로그래밍할 수 있다. 2030년에는 74퍼센트를 차지할 것으로 예측된다.

### 10. 빅데이터 산업

막대한 양의 데이터가 생성되고 있다. 이를 다룰 수 있는 전문가가 부족한 현실이다. 미국에서만 14~19만 명의 데이터 분석 전문가가 부족하다고 한다. 미래에는 빅데이터 분석을 기반으로 의사결정을 하는 기술을 갖춘 관리자와 분석가가 150만 명에 이르게 될 것이다.

### 11. 사물인터넷 산업

모건스탠리는 2020년 인터넷에 연결된 사물인터넷 기기가 750억 개가 될 것으로 예측했다. 80억 인구 한 명당 9.4개의 기기를 갖는 것이다. IBM은 사물인터넷 환경을 처음 구축하는 사람들을 위해 스타터

키트를 공개했다.

### 12. 풍력발전 산업

지난 몇 년간 풍력발전소가 더 많이 생겨났음에도 불구하고 오늘날 풍력에너지는 여전히 전 세계에서 생산되는 전기의 일부만을 담당하고 있다. 현재 풍력발전은 전 세계 전기 생산량의 2.6퍼센트 정도를 차지하지만 국제에너지기구의 새로운 보고서에 따르면 앞으로는 이 비율이 크게 증가한다.

### 13. 대용량 에너지 저장 기술 산업

현재 거대한 산업이 될 에너지 저장 산업의 초기 단계에 진입하고 있다. 에너지 저장 산업은 전통적인 산업인 발전, 송전, 배전 시스템과 긴밀히 연결되어 향후 10년 동안 새로운 비즈니스 모델을 선도하고 새로운 기업들을 만들어낼 것이다.

### 14. 마이크로그리드 산업

전력 저장장치와 함께 전력 분야는 국가적 전력망에서 마이크로그리드(소규모 지역에서 전력을 자급자족할 수 있는 독립형 전력 공급 시스템)로 이전하게 된다.

### 15. 초고속 교통운송 산업

미래에는 초고속 교통운송 산업 부문에서 새로운 일자리가 많이 생겨난다. 일론 머스크가 개발한 초고속 진공 튜브열차 하이퍼루프, 스카이트랜, 제이포드를 비롯해 데릴 오스터가 개발한 자기부상 진공튜브 열차 ET3 같은 교통운송 시스템을 들 수 있다.

오스터가 '육상에서의 우주여행'이라고 부르는 초고속 운송 시스템은 시속 6,000킬로미터 이상의 속도를 자랑한다. 이는 세계에서 가장 큰 인프라 프로젝트가 될 잠재력을 가지고 있다. 이처럼 진공관 방식의 수송은 훌륭한 아이디어일 뿐 아니라 환경적으로도 반드시 필요하다. 이미 배와 항공기는 자연이 정화할 수 있는 속도보다 빠르게 대양과 하늘을 오염시키고 있다. 진공관 수송 시스템은 이 모든 문제를 해결할 수 있을 뿐 아니라 1억 개 이상의 일자리를 창출할 수 있으며 상업성도 겸비하고 있다.

### 16. 공유경제 산업

미래에는 거의 모든 물건을 공유하는 시대가 온다. 자동차를 소유하는 게 아니라 우버로 택시를 부르고, 집을 소유하지 않고 빌려 쓰며, 1년에 한 번 사용하는 드라이버나 자전거, 옷, 구두, 주방 도구도 빌려 쓰게 된다. SNS 같은 소셜 네트워크를 통해 물건을 사고 팔며 빌려 쓰게 된다. 이런 경제는 연결되지 않으면 물건을 팔 수도 빌릴 수도 없다.

공유경제가 되면 대형 공장이나 사무실이 필요 없어서 대부분 1인 기업의 형태를 띤다. 2030년에는 세계 인구의 90퍼센트 이상이 1인 기업이 된다. 이처럼 소유의 시대를 지나 공유의 시대로 옮겨가면 기존의 비즈니스 모델과 일자리는 사라지고 새로운 개념의 일자리가 생겨

엄마의 학교

난다. 기업도 제품을 파는 방식에서 렌트하는 방식으로 바꾸게 된다.

### 17. 스포츠 산업

컴퓨터 공학, 바이오 기술 등 다양한 부문의 기술의 발전은 스포츠 산업에 가장 많은 영향을 미치게 된다. 스포츠 장비, 훈련 시뮬레이터, 기능 향상 약물과 합법적인 약물, 체력 증강을 위한 다양한 기술이 이미 개발되어 있다. 이처럼 성능을 향상시키는 장비는 물론 선수의 유전자를 변형시키거나 신체를 리엔지니어링re-engineering하는 기술도 등장했다.

이런 기술에 힘입어 시뮬레이션 전문가, 유전자 변형을 통해 기능 향상을 연구하는 유전자 조작 디자이너 및 엔지니어, 신체 수정 윤리학자 등의 새로운 직업이 생긴다.

### 18. 코인 산업

미래는 전자 화폐(디지털 화폐)로 이뤄지는 통화 및 대체금융 시스템이 금융 산업을 지배한다. 〈화폐전쟁〉의 저자 쑹훙빙은 2024년 세계 단일 통화가 등장해 외환 딜러가 사라진다고 예측했고, 가상 디지털 화폐 은행과 이를 위한 관리자, 변호사 등이 유망한 직종으로 떠오른다고 한다. 이 분야의 가장 각광을 받는 전문가는 블록체인 전문가다.

### 19. 바이오 산업

미래에는 인간의 의료 문제 대부분이 단일 세포 또는 작은 그룹의 세포까지 추적하는 방식을 통해 해결된다. 이를 나노 메딕이라고 하며 진단 시스템, 치료 및 모니터링 솔루션 설계를 모두 나노 수준에서 작업한다. 따라서 세포 하나를 바꾸거나 DNA를 조절해 의료 수술을 할 수 있는 단계까지 수행할 수 있는 나노 의사가 많이 필요해진다.

바이오 공장 의사, 바이오 개발자, DNA 구조를 분석하는 유전자 시퀀서(Gene Sequencer) 신체 부위 및 장기 생산 업자 등이 유망 직종으로 떠오른다.

### 20. 마이크로 칼리지

마이크로 칼리지는 특정 직업에 바로 진입해 능력을 발휘할 수 있는 최소한의 훈련을 집중적으로 하는 고등교육 시스템이다. 이제는 기술의 발전으로 매년 수백만 명이 전직해야 하는 시대다. 기존의 대학은 새로운 기술을 짧은 기간 안에 효율적으로 훈련시키지 못한다. 앞으로 마이크로 칼리지에서 짧은 기간 동안 신속하게 배운 기술로 새로운 기회를 얻고자 하는 수요가 늘어날 것이다.

### 21. 스마트 주택 산업

프로그래밍이 가능한 주택은 아직 초기 단계지만 향후 10년 안에 주택 안에 인터넷에 연결된 기기들이 대량으로 보급되어 주택이 스마트해질 것이다. 이를 가능하게 한 것은 스마트 폰의 액정과 무선통신 기술, 그리고 자동화된 제조 기술에 따른 낮아진 가격이다.

## 22. 고령 친화 사업

저출산과 고령인구의 증가로 간병과 의료산업, 여행, 농업, 장례 등의 산업이 발전한다. 간병로봇 산업, 고령자의 편의와 기호를 반영한 주택 리폼 산업, 인생의 마무리를 잘 하기 위한 라이프 엔딩 산업 등에서 일자리가 많이 창출될 것이다.

## 23. 택배 산업

당일 배송 산업은 갈수록 치열해지고 있다. 아마존, 구글, 이베이는 지역 내 당일 배송을 제공한다. 당일 배송은 예전에는 프리미엄 가격으로 진행됐으나 이제는 똑같은 표준 가격에서 서비스되며 수요도 증가하고 물량도 늘어나고 있다.

## 24. 24시간 도시를 위한 산업

24시간 동안 활용할 수 있는 편의점, 도서관, 은행, 교회, 학교 레스토랑, 쇼핑센터 등이 미래 사회의 주목받는 산업이 될 것이다.

앞으로의 스물 네 개의 유망 산업을 살펴보았다. 이 중 내 아이와 맞는 분야가 어떤 분야인지 파악해 콘텐츠를 형성할 수 있도록 지지와 지원을 해야 할 것이다.

# 결국 콘텐츠가 답이다

▶ ▶ ▶

미래에는 학벌보다는 아이가 가진 실력 즉 핵심역량이 더 중요해질 것이다. 즉 학벌이 아니라 아이가 가진 콘텐츠가 무엇이냐에 따라 아이의 미래가 달라진다는 것이다. 콘텐츠가 있느냐 없느냐에 따라 진로는 달라지고, 콘텐츠가 있다 하더라도 얼마만큼 그 사회에서 필요로 하는 핵심 콘텐츠인가에 따라 진로의 수준은 달라질 것이다. 따라서 미래는 콘텐츠가 핵심으로 부각될 것이다.

지식창조사회를 한마디로 정의하면 '콘텐츠 사회'라고 한다. 콘텐츠란 무엇인가? 콘텐츠는 개인이 보유하고 있는 핵심능력으로 남과는 다른 차별화된 것을 보여줄 수 있는 내용물이다. 콘텐츠는 개인이 가지고 있는 지식이나 기술, 재능, 아이디어, 상상력 모두가 해당된다.

〈해리포터〉를 쓴 조앤 롤링은 그녀의 상상력이 뒷받침된 스토리가 동시대의 어떤 공장보다 더 많은 수익을 창출하였다. 산업사회에서는 상상할 수 없는 수익이 한 개인의 머릿속에 하나의 공장이 가동되는 것과 같은 효과를 내고 있는 것이다.

무엇과도 대체될 수 없는 개인의 콘텐츠야말로 지식창조사회의 생존법이라고 할 수 있다. 직장을 다니든 사업을 하든 마지막으로 남는 것이 콘텐츠다. 작고하신 구본형 선생님이 직장인들의 우상으로 자리매김되는 것도 그가 직장 생활을 통해 '변화 경영'이라는 자기계발 콘텐츠를 확보했다는 것이다. 부가되는 업무를 반복적으로 해결하는 직장인들에겐 자신만의 콘텐츠를 쌓는다는 것이 여간 어렵지 않기 때문이다. 자신만의 콘텐츠를 마련하지 못한다면 은퇴 후에는 그동안 받던 월급의 절반, 아니 3분의 1도 못 받는 것이 최근의 현실이다.

더욱이 우리 아이들이 살아갈 사회는 고령사회이기 때문에 은퇴 후 100여 년이란 기간 동안 무엇으로 먹고 살 것인지가 관건이다. 아이들이 평생 현역으로 살아가기 위해서는 진로 설계에 있어 어느 대학, 어느 직장을 들어가는 것이 중요한 것이 아니라 마지막까지 현역으로 자신만의 콘텐츠를 활용하여 활동할 수 있는 것이 무엇일까를 고려해야 한다.

때때로 블루오션이 무엇인가? 라는 질문을 받는다. 블루오션은 어느 특정 직업에 있는 것이 아니다. 내 아이가 가장 좋아하고 잘할 수 있는 것을 찾아내어 콘텐츠화하여 살아갈 수 있는 분야가 블루오션이라고 생각한다. 최근에 K-Pop 열풍을 보면 겉으로 보이는 것보다는 실력에 사람들이 열광한다는 것을 알 수 있다. 가수에게 진정한 콘텐츠란 노래 실력이란 것을 사람들이 인식하고 있다. 그동안 현란한 춤동작이나 외모 보여주기에서 기본으로 돌아가고 있는 모양새다. 지식창조사회는 이처럼 외적인 학벌이 아닌 네가 가진 '진짜 실력'을 묻고 있다.

너의 업이 무엇인지 아는 것이 가장 중요하다는 삼성 이건희 회장의 말처럼 업의 핵심역량이 무엇인지 알고, 전 생애를 통해 개발하려는 마음가짐이 중요하며, 자녀를 키우는 부모 입장에서는 이 점을 유념하여 자녀의 진로지도 계획을 세우는 것이 필요하다.


산업사회는 물건이 중심인 사회였고, 사람은 물건을 만드는 자원 중 하나였다. 그래서 산업사회에는 기계가 움직이는 시간에 사람이 출근하고, 기계가 멈추는 시간에 퇴근을 하는 '나인 투 파이브(9시 출근, 5시 퇴근)'가 형성된 것이다. 반면 지식창조사회는 기계에 맞추어 사람이 움직일 필요가 없게 되었다. 정보통신의 발달로 24시간 일할 수 있는 기반이 마련되었고, 이제 기계나 물건보다는 '사람'이 가장 중요시되었다.

이러한 변화를 말해주는 것이 세계적인 시사지인 프랑스의 주간 시사 매거진 〈렉스프레스L'Express〉와 미국의 〈타임TIME〉지의 표지였다. 〈렉스프레스〉지는 20세기를 장식한 마지막 호에서 'You'를 2000년의 표지 인물로 선정했다. 표지에는 국적, 인종, 종교, 신조가 다른 독자들의 얼굴을 비추는 거울이 그려져 있고, 다음 페이지에는 "다가오는 21세기는 정치적, 문화적, 예술적, 비즈니스적인 관점에서 개개인으로서의 '사람'이 고려되어야 한다."고 쓰여 있다.

〈타임〉지는 매년 신년호 표지에 올해에 가장 주목받을 만한 사람의 사진을 싣는 것이 관례였는데, 2006년 신년호 표지에는 사람의 얼굴이 아닌 컴퓨터 화면에 'YOU'라는 글자만을 보여주었다. 이 의미는 앞으로 그 누구도 아닌 인터넷상의 당신이 가장 중요하며, 가장 많이 활약할 사람도 다름 아닌 YOU임을 말해준다. 이 두 시사주간지가 의미하는 것은 21세기 지식창조사회에는 그 무엇보다 '창의적인 콘텐츠를 가진 YOU'를 간절히 필요로 함을 의미하는 것이 아닐까.

상업과 부가 폭발적으로 성장한 르네상스 시대부터 20세기 후반까지 약 500년 동안 희소자원은 금융자본이었다. 금융자본이 있는 사람은 부를 창출할 수단을 가지고 더 많은 부를 축적할 수 있었다. 그러나 이제 이러한 세상은 끝났다. 돈은 더 이상 희소자원이 아니다. 이제 희소자원은 인간의 능력 즉 콘텐츠가 된 것이다.

이러한 예를 보여주는 기업이 속속 등장하여 사람들을 놀라게 하고 있는데, 마이크로소프트사나 구글, 애플이 그 예이다. 이들 기업은 금융자본은 적게 들이고 인적자본에 많은 투자를 하여 최고의 수익을 내고 있기 때문이다. 이들 기업은 공장을 짓기 위한 부지나 돈을 투자할 필요가 없다. 제조업을 하는 기업에 비해 최소한의 돈을 투자하고도 그들 몇 배의 이익을 거두고 있기 때문이다. 이것의 의미는 이제는 사람이 자본이라는 것이다. 인적자본을 효율적으로 활용하는 기업에 미래가 보장되고 있다.

이들 기업은 기업의 성공이 인적자본에 달려 있음을 완벽하게 이해하고 있으며, 빌 게이츠가 "만일 당신이 마이크로소프트사에서 가장 똑똑한 직원 20명을 데려가면 우리 회사는 별 볼일 없는 기업이 될 것이다"라고 했듯이, 이제 기업들은 기업의 사활을 좌우할 핵심인재를 찾는 소리 없는 인재전쟁을 치르는 중이다.

미래학자 존 나이스빗은 "과거에는 노동력을 분배하려는 목적으로 분업이 성행하였지만, 미래에는 '인재맞춤에 의한 분업시대'가 열릴 것이다"라고 말했다. 즉 미래에는 산업의 여러 분야를 세분화하고, 거기에 인재를 맞추는 식의 인재등용이 될 것이다. 이때 인재의 출신국은 문제가 되지 않으며, 기업가에게는 전문성을 갖춘 인재를 적재적소에 어떻게 배치할 것이냐가 관건이 된다.

산업사회의 특징은 노동력 분업의 시대였다. 누구든 노동력을 가진 사람은 등급에 따라 일자리를 분담 받을 수 있다는 의미다. 어찌 보면 사람의 가치가 공평하게 존재했던 낭만적 사회였다. 그러나 지식창조사회는 사람이라고 해서 일을 주지 않는다. 단 인재일 경우 일을 분담 받는 '인재분업의 시대'이다. 인재분업 사회란 각 개인으로 봐서 매우 불공평한 구조다. 인간으로 대접받지 못한다는 의미가 포함되어 있기 때문이다. 이러한 시대의 인재란 '대체 불가능한 콘텐츠를 소유한 개인(핵심인재)'을 말한다. 이것이 부모들이 아이들을 인재로 만들어야 하는 이유며, 부모들이 아이들에게 콘텐츠 확보를 위한 교육을 해야 하는 이유다.

이제 교육은 학벌을 가질 수 있었던 산업사회보다 더 중요한 의미를 띄게 되었다. 지식사회에서 부모들이 자녀들의 미래를 위해 교육에 투자하는 것은 맞다. 그러나 사교육을 통해 성적만 올리는 방식은 잘못되었다는 것을 지적하고 싶다. 앞으로 인재가 아니면 정규직을 부여받지 못하게 되는 시대가 점점 우리 아이들의 삶 속으로 다가오고 있다.

최근 들어 기업에서 쓸 사람이 없다고 하는 것은 '희소자원, 즉 창의적인 콘텐츠를 가진 사람'이 없다는 의미며, 이는 곧 '핵심역량을 지닌 사람'이 드물다는 것이다. 그러나 현실은 평균 교육을 받고 평균 성적만 높은 그저 그런 사람들로 넘쳐나고 있다. 기업의 입장에서 이런 사람들에게 4대 보험비를 들이며 회사에서 보유할 이유가 없다. 이들은 오히려 기업의 이익을 깎아먹는 존재이기 때문이다. 일이 있을 때마다 아웃소싱을 통해 조달해서 쓰는 방식을 택하고 있으며, 우리는 이들을 비정규직이라고 부른다. 앞으로 비정규직 일자리는 증가할 것이며, 내 아이가 핵심인재가 되지 않는 한 이러한 일자리에 우리 아이가 갈 기회는 더욱 증가될 것이다.

# 내 아이만의 콘텐츠 개발하기

21세기는 자녀의 성장에 따라 맞춤식 진로지도를 한 창의적 인재를 원하고 있다. 하지만 한국 엄마의 현주소는 자녀의 성적에 아직도 얽매여 있는 것 같다.

산업사회에는 대학이 자녀의 인생을 보장하였기 때문에 대학에 들어가기 위해서는 고등학교까지의 학업 성적이 매우 중요하였다. 하지만 지식창조사회인 지금은 성적보다는 내 아이가 가진 실력 즉 콘텐츠를 묻고 있다. 그런데 한국 엄마들이 아직도 자녀의 학업 성적을 중요시하는 것은 산업사회 교육패러다임을 가지고 있기 때문이다. 이처럼 시대를 읽지 못하는 엄마들이 많을수록 시대착오적인 아이는 더욱 많아질 것이다.

엄마들은 수단과 방법을 가리지 않고 자녀의 성적을 높이기 위해 최대한의 노력을 한다. 학원이나 과외 심지어는 어마어마한 돈을 투자하며 '황제 과외'까지도 시키는 등, 저마다의 경제 여력에 맞추어 최선의 노력을 기울이고 있다.

그러나 앞으로의 사회는 성적보다 더 중요한 자기 주도적으로 개발한 창의적인 콘텐츠로 승부를 내야 하는 사회라는 것이다. 자기 주도적이란 스스로 계획하고, 스스로 실행을 하며, 실행한 것을 토대로 스스로 반성을 하여 다음 계획에 반영할 수 있는 것을 의미한다. 자기 주도적 놀이를 한 아이가 자기 주도적 학습을 하며, 자기 주도적 학습을 한 아이가 자기 주도적 진로실천자가 되며 이러한 아이가 결국은 자기 주도적 인생을 살게 되는 것이다.

지금은 과거처럼 하나의 문을 거치면 그 다음 단계로 자동적으로 나아가는 진로 로드맵이 사라지고 있으며 하나의 직업으로도 살아갈 수도 없는 세상이다. 전문가들은 앞으로는 평생 15~20개 정도의 직업을 거쳐야 살아갈 것이라고 한다. 즉 자기 주도적으로 진로를 설계하지 않으면 어느 누구도 내 아이의 인생을 책임져주지 않는 세상이 펼쳐지고 있다.

세상은 이렇게 변해가고 있는데 엄마들은 지금 당장 내 아이의 성적을 올리기 위해 끌고 밀면서 내 아이의 주도성을 죽여가고 있다. 내 아이가 인생을 살아갈 가장 중요한 것, 즉 미래 생존력은 성적이 아니라 주도성임을 인식하고 자녀 인생의 주도권을 자녀에게 돌려주어야 할 것이다. 엄마가 스마트 맘이 되고 자녀가 21세기가 원하는 인재가 되기 위해 먼저 준비해야 하는 것이 자녀의 주도성을 찾아주는 것임을 잊지 않았으면 한다.

들뢰즈가 말했듯이 21세기는 홈이 팬 길, 즉 패인 길을 따라갈 수 있는 진로 로드맵이 있는 것이 아니라 홈이 없는 길, 즉 어느 누구도 가지 않은 자신만의 길을 주도적으로 창조해서 나아가는 진로가 펼쳐지게 될 것이다.

이제 자녀의 성적에 연연하는 마음을 내려놓고, 어떻게 하면 아이만의 콘텐츠를 형성할 것인가 고민해야 한다. 시대가 바뀌었고, 시대가 원하는 교육을 부모는 제공해야 하며, 이것이 스마트 맘의 역할이다.

이를 위해 가장 필요한 것은 교육에 대한 패러다임을 바꾸는 것이다. 즉 성적 위주의 산업사회 교육 패러다임을 버리고, 콘텐츠 위주의 지식창조사회의 교육 패러다임을 갖고 시대가 원하는 창의적인 인재로 키워내야 할 것이다.

# 지금부터 미래학 공부하기

지식창조사회를 이끌 미래사회 인재로 우리 아이들을 키우기 위해 부모는 무엇을 배워야 할까?

단연코 미래학이다. 미래학이라는 학문이 한국에 처음 들어온 것은 1990년대였다. 물론 이전에 앨빈 토플러나 제러미 리프킨 등 미래학자들의 책이 간간히 소개되긴 하였지만 아직 전문가들이나 관심이 있는 소수들이 보는 책 정도에 그쳤다. 그러나 이제 미래학은 우리 모두를 위한 학문이어야 한다.

산업사회까지는 부모와 자녀가 모두 같은 사회에 살다 죽었다. 그러다 보니 역사는 배워도 굳이 미래가 어떻게 변할 것인가를 배우는 미래학을 알아야 할 필요성을 느끼지 못했다.

그러나 지금의 사회는 부모와 자녀가 다른 사회 즉 부모는 산업사회, 자녀는 지식창조사회에 살고 있고, 생물학적 교체 속도를 과학의 속도가 추월하는 특이점의 시대에 접어들었다. 즉 부모의 경험이나 부모가 받았던 교육이 자녀에게 적용되지 않는 거대한 지각변동의 시대에 살고 있다는 것이다. 이런 대격동기에는 미래가 어떻게 변할 것인지 배우고, 예측해가며, 미래를 준비하는 것이 현명한 사람들의 자세며, 자녀의 미래를 도와주는 부모의 모습이다.

미래사회의 변화를 아는 것은 부모가 아이에게 줄 수 있는 가장 고급 정보 중 하나다. 어느 학원이나 어느 선생님이 잘 가르치느냐 등의, 소위 말하는 엄마의 정보력과는 비교가 안 된다.

부모는 미래를 보는 새로운 관점을 가져야 한다. 인류 역사상 21세기는 중요한 의미를 가진다. 과학기술의 발달 속도가 인간의 생물학적 세대교체의 속도를 앞지르기 시작했기 때문이다. 이러한 변화의 순간을 미래학자 레이 커즈와일은 특이점Singularity 이라 부른다. 기존의 법칙이 더 이상 효력을 미치지 못하는 범위가 시작된다는 의미다. 특이점은 어떤 상태가 연속적이지 않고 정의 또는 예측을 할 수 없는 상태로 비약하는 지점 또는 순간을 가리킨다.

과학과 기술이 발달하다 보면 어느 순간 기술적 특이점에 도달하며, 그 순간부터 우리의 생명, 삶, 지식, 경험, 능력은 예측 불가능할 정도로 비약한다. 특이점을 한 마디로 표현한다면 기술이 인간을 초월하는 순간을 의미한다. 현재의 세대가 지나고 우리 아이들의 생애가 끝날 즈음에는 이제껏 상상하지 못한 세계가 일상의 범주 안으로 들어올 수도 있다.

미래학자 최윤식은 "과거 10년은 앞으로 일어날 것에 대한 논의를 펼쳤다면, 앞으로 10년은 현실화되는 시기가 될 것"이라고 말한다. 공상과학 영화에나 나오는 인공지능과 사물인터넷, 3D프린터가 상용화되어 인간이 기계가 되고 기계가 인간이 되는 트랜스 휴먼의 세상이 오는 것이다.

그래서 부모는 미래를 대비하는 학문인 '미래학Futurology'을 의도적으로 배워야 하며, 특히 다양한 상상력을 보여주는 SF 장르에 대한 관심을 가져야 한다. 미래학자 앨빈 토플러는 "학생들에게 역사 과목을 가르치면서 왜 미래학 과목은 없는가?"라는 질문을 던지며 학교에서도 SF를 정식 과목으로 가르치자고 주장한 바 있다.

"SF는 문학작품이 아닌 미래 사회학이며 예측의 습관을 길러내 정신을 확장시킨다. 어린이들은 SF를 읽으면서 우주선과 타임머신에 관해 알게 되며, 어른이 되어 부딪힐 정치, 사회, 심리, 윤리적 문제의 정글 속을 상상력으로 탐험할 수 있다."고 그는 주장한다.

아이들은 미래를 살아갈 것이며, 미래를 이미 호흡하고 있다. 미래의 아이들이어서 현실에 대한 의문을 갖게 되며, 자신의 진로에 궁금증을 가지고 부모에게 대화를 원한다. 이것이 부모가 미래를 꿰뚫어 보는 통찰력 있는 진로 관련 콘텐츠를 준비해야 하는 이유다. 자신에 맞는 진로를 선택한다는 것은 시간이 매우 많이 걸리는 작업이다. 인생 어느 한 순간의 결정으로 이루어지는 것이 아니므로 자녀가 자신의 진로에 대해 깊이 숙고할 수 있도록 가정의 분위기를 형성해주는 것이 필요하다.

엄마들은 아이의 미래를 위해 미래학 책, 진로 관련 책, 유튜브, 포럼, 학회 등을 다니며 부지런히 공부해야 한다. 나는 강의 중에 도움이 될 만한 포럼이나 학회에 대해 알려드린다. 그 중에 가장 추천하고 싶은 것은 글로벌 인재포럼과 진로학회다. 열리는 시기와 참가 방법을 알려드리고 얼마나 유용한지를 매번 강조한다. 그러나 그 후 몇 년 동안 엄마들의 얼굴을 한 번도 못 보다가 얼마 전에야 세 명의 엄마를 만났다. 참으로 반가웠다. 엄마들도 고양된 얼굴로 이런 좋은 포럼을 알려주어 감사하단 인사를 했다. 수많은 엄마들에게 알렸지만 아주 소수의 엄마만 만났을 뿐이다. 이것이 대한민국 엄마의 현주소라는 생각을 했다.

반면 입시설명회가 열리면 언제나 앉을 자리가 없을 정도로 엄마들이 몰린다. 입시설명회를 진로 지도라고 착각하는 엄마도 있을 수 있다. 입시설명회는 아이들이 대학

가는 데까지 필요한 정보일 수 있다. 언젠가 케이블 TV에서 유명한 대치동 입시 컨설턴트가 많은 청중들 앞에서 강의와 컨설팅을 하는 모습을 보았다. 엄마들과 아이들은 자신의 진로가 그분의 말에 달려 있기나 한 듯 호응했다. 특히 대부분의 엄마들은 마치 아이의 성공적인 미래로 안내하는 신적인 존재로 그를 보는 듯했다.

입시 컨설턴트는 우리 아이를 대학에 보내는 일까지는 해줄 수 있다. 그러나 그 이후 우리 아이의 진로는 누구에게 맡길 것인가. 대학 입시보다 더 혹독한 현실이 아이들 앞에 벼랑으로 서 있는데 말이다. 사교육의 힘을 빌려 성적순으로 가는 대학입시는 우리 아이 미래에 정말 의미가 없기 때문이다. 자녀가 대학을 졸업하고 취직 준비를 하는 엄마들은 내 말이 너무 수긍이 갈 것이다. 그러나 거기까지 가기 전에 현명한 선택을 하면 어떨까? 아니면 거기까지 가보고 나서 결정하겠다는 엄마가 있다면 어쩔 수는 없지만 이후 아이가 갖게 되는 절망감을 떠올리면 사실 마음이 아프다.

그런데 최근 고무적인 현상이 포착되었다. 드디어 진로학회에 엄마들이 대거 등장하고 있다. 심지어는 지방에서 올라와 교육관계자들에게 신랄한 질문도 던지고, 대안을 묻기도 한다. 입시설명회가 아닌 진로학회 같은 곳에 와서 내 아이의 미래를 고민하는 그 엄마들이 너무 존경스럽고, 그분들의 아이들은 얼마나 행복할까 생각해본다.

다시금 아이를 이 시대의 인재로 키울 스마트 맘은 의사소통 기술이 아닌 의사소통 콘텐츠를 가진 엄마라는 생각에 변함이 없다. 이들 엄마는 자녀와 일생을 통해 자녀와 진로를 함께 고민하고, 동반자로 든든한 조력자로 살아갈 것이기 때문이다.

엄마의 학교

2

# 누가
# 미래인재인가

# 지금 세계는 창의인재를
# 간절히 기다리고 있다

▶ ▶ ▶

지금은 4차 산업혁명 시대이며, 세상은 무엇보다 창의적 인재를 절실히 필요로 하고 있다. 4차 산업혁명의 키워드로 거론되는 기술들은 다양하다. 빅데이터, 사물인터넷, 3D프린팅, 인공지능, 생명공학, 나노테크놀로지 등 어느 하나도 중요하지 않은 것이 없다. 그리고 이 기술들 중심에는 '사람'이 있다.

인류의 매 중요한 시기마다 위기는 있었으며, 그 위기를 잘 넘겨오며 인류는 변화하고 성장해왔다. 기술의 발전은 놀라울 정도지만, 전세계가 시달리고 고민하는 문제는 사실 자연과 무관하지 않다. 이러한 문제를 해결하는 데 기술의 역할은 무엇보다 중요하겠지만, 이러한 인류의 당면 문제를 해결하는 데 있어 한 사람의 역할이 기술 그 이상으로 중요하다.

　물 부족, 식량 부족, 기후의 이상 변화, 환경오염 등 이러한 문제는 어느 한 나라만 잘한다고 해결될 수 있는 것이 아니라 세계 전체가 나서서 풀어야 하는 인류 공통의 문제인 것이다. 그렇기 때문에 국가를 초월하여 이처럼 산재된 문제들을 해결할 수 있는 창의인재가 간절히 필요하다.

　국가와 기업이 각각 해야 할 역할, 그리고 함께 풀어나가야 할 일들이 무수히 많다. 국가적 차원에서 보면 글로벌화로 전 세계가 단일시장이 됨에 따라 모든 나라의 국가 경쟁력이 과거보다 약화되고 있다. 이러한 세계의 흐름에서 살아남기 위해 국가도 국가 경쟁력을 높일 수 있는 창의적인 아이디어를 갖고 국가 성장 동력이 될 산출물을 만들어낼 수 있는 창의적 인재를 원하고 있다.

　이는 기업 입장에서도 기업의 사활이 걸려 있는 중요한 문제이므로 창의적 인재를 모셔오기 위한 소리 없는 인재전쟁이 전 세계에서 진행되고 있다. 4차 산업혁명이라는 거대한 틀 안에서 다양한 미래의 기술들을 어떻게 조합하여 인류에게 새로운 미래를 전해줄 수 있을 것인가? 기업에 놓인 과제는 핵심기술과 창의인재에 달려 있다고 해도 과언이 아닐 것이다.

　개인의 입장에서 살펴보자. 세계화로 경쟁력이 약화된 기업은 국내의 고임금 구조를 피해 저임금이 가능한 국가로 해외 진출을 꾀한다. 국내에는 일자리가 부족하게 되어 취업난은 심화되고 있다. 청년 실업이 국가 전체의 문제로 부상하고, 고령사회로 진입함에 따라 가정의 경제구조 또한 취약해지고 있다. 사회를 떠받치고 있던 중산층은 무너지고 중하류로 편입되는 현상은 사회에 위기의식으로 나타나고 있다. 이러한 세계적 흐름과 국내의 상황 속에서 가정의 생존을 위해 엄마는 내 자녀를 어떻게 키워야 하는가를 생각해보아야 한다.

산업사회 초기에는 기계화에 의해 근력노동자들의 퇴출이 이루어졌다. 후기로 가면서 사무자동화에 의해 단순 반복의 사무직이 퇴출되었고, 지식사회로 넘어오면서 스마트 기기의 보급으로 중간간부직이 하던 일을 스마트폰이 대신하게 되어 현재 이들도 퇴출 중이다. 앞으로 메가트렌드가 될 지식창조사회는 인터넷을 통한 고급지식이 공공재가 됨으로써 전문가의 입지도 점점 불안해질 것으로 전망한다. 이런 상황이 펼쳐지는 가운데 아이들의 진로도 위기다. 부모들이 산업사회의 패러다임을 갖고 지금과 같이 교육을 할 경우 아이들이 갈 자리를 잃고 마는 시대가 곧 도래할 것이다.

필리핀은 우리에게 장충체육관을 지어준 나라다. 얼마 전까지만 해도 우리보다 경제가 좋았던 나라였다. 그러나 세계적 흐름을 잠시 잘못 탄 결과 지금은 한국에 가사도우미를 수출하는 국가로 전락하였다. 지금 세계는 우리가 상상도 못 하는 거대한 돌풍 아니 쓰나미가 어마어마한 속도로 몰려오고 있다. 잠시 잠깐 정신을 놓았다간 우리도 필리핀의 전례를 따라가지 않으리란 보장이 없다.

지금처럼 전 교과의 성적이 좋은 평균이 높은 아이로 키울 것인지 아니면 자녀가 좋아하고 잘하는 분야를 선택해 집중적인 교육 투자를 통해 시대가 원하는 창의적인 인재로 키울 것인지는 엄마에게 달려 있다. 왜 창의인재로 키워야 하는지를 인식했다면, 우리 아이를 키우는 방법에 대해 조금은 더 확실한 태도가 생겼을 것이다. 지금은 4차 산업혁명 시대이며, 우리의 아이들은 이 시대의 주인공으로 살아야 할 이들이다. 4차 산업시대가 부여한 지식창조의 시대, 우리 아이들의 창의적인 개인 역량을 시대가 원하고 있다.

# 평균주의에서
# 개개인성으로 변화하고 있다

▶ ▶ ▶

〈피로사회〉를 쓴 한병철 교수는 책의 첫 부분에 "시대마다 그 시대를 대표하는 병이 있다"고 썼다. 나는 이 표현을 빌어 "시대마다 시대를 대표하는 학문이 있다"고 말하고 싶다. 산업사회는 '평균학'이 지배하는 사회였다면, 21세기 지식창조사회는 '개개인학'이 지배하는 사회가 될 것이다.

이런 징후는 이미 이전에도 강조한 학자들이 있다. 켄 로빈슨(Ken Robinson, 영국의 교육학자) 교수는 '학교가 창의성을 죽인다'라는 테드 강연에서 "지금의 교육 제도는 산업사회의 요구에 맞는 일을 할 사람을 양성하기 위해 만들어졌다"고 했으며, 경영 구루인 세스 고딘은 〈린치핀〉에서 "우리가 평범함에서 벗어나지 못하는 이유 중 하나는 학교와 시스템에 의해 세뇌당했기 때문이다"라고 주장했다.

〈평균의 종말〉을 쓴 토드 로즈Todd Rose는 지난 10년 동안 개개인학(science of individual)이라는 새로운 분야에서 융합 학문에 참여해온 하버드 교수다. 개개인학은 개개인을 평균이란 잣대로 평가하는 것을 거부하며, 개개인성에 초점을 맞추어야 한다는 새로운 학문이다. 평균학의 경우 산업사회 시대에 학문 분야나 기업에서 이 원칙을 도입했듯이, 개개인학은 지식창조사회의 많은 학문 분야나 기업에서도 도입하고 있으며 차츰 그 영역을 넓혀가고 있다.

평균의 시대를 연 테일러는 1890년대부터 평균 방법이 오류를 최소화하고 비효율성을 최소화한다고 주장하며 '표준화(standardization)'를 주장했다. 그리고 이것을 설명하는 매뉴얼을 만들기 시작했고, 표준화된 매뉴얼을 잘 시행하는지 관리할 수 있는 '관리자'란 직책이 만들어졌다. 일종의 브레인이 필요했던 것이다. 드디어 관리자와 공장 근로자로 나뉘었고, 공장 근로자는 관리자의 명령에 순종해야만 했으며, 그들에게 창의력은 허용되지 않았다. 단지 나인 투 파이브 시간 내에 그들에게 맡겨진 업무를 수행하기만 하면 되었다.

이런 테일러의 생각은 1911년 발행된 그의 저서 〈과학적 관리의 원칙〉에 강조되었고, 국내외 경영 부문 베스트셀러가 되면서 12개국에 번역되어 알려지게 되었다. 이 책 출간 이후 과학적 관리법 즉 '테일러주의Taylorism'가 전 세계 산업계를 강타했다.

이로써 근로자는 개개인성이 무시된 채 대체 평균적 인간으로 취급되어 마치 공장의 부품에 지나지 않는 삶을 살게 된 것이다. 이것이 지난 100년간 대한민국 자녀의 삶이었다.

그럼 누가 사원이 되고 누가 관리자가 될 것인가. 이 문제를 어떤 방법으로 결정할 것인가. 이러한 문제가 남는다. 20세기 초 테일러주의가 미국 산업을 송두리째 바꾸기 시작하면서 공장들은 고등학교 교육을 받은 반숙련공에 대한 수요가 매우 늘어났다. 그러나 당시 미국에는 보편적 고등학교 교육이 부족했을 뿐 아니라 고등학교 자체도 드물었다.

1900년 미국에서 고등학교를 졸업한 인구는 대략 60퍼센트에 지나지 않았다. 더 큰 문제는 도시에 이민자들과 공장 노동자들의 자녀들이 대거 유입되면서 교육을 받지 않은 청소년의 수는 계속 늘고 거리는 아이들로 가득 차, 이들을 한 곳에 가두고 위험에서 피하게 할 방법으로 교육 시스템을 대폭 정비할 필요가 있었다.

D. 록펠러가 기금을 대주어 설립된 일반교육위원회는 1912년 테일러주의에 기반한 학교 비전을 다음과 같이 발표했다.


"우리는 이 사람들이나 이들의 자녀들을 철학자나 학자나 과학자로 만들 생각이 없다. 우리는 작가, 연설자, 시인, 문인을 키우려는 것이 아니다. 뛰어난 예술가, 화가, 음악가가 될 만한 인재를 발굴하려는 것도 아니다. (중략) 이미 차고도 넘치는 변호사, 의사, 목사, 정치인을 키우려는 것도 아니다. (중략) 우리가 내세우는 과업은 아주 단순 명료할 뿐만 아니라 아주 훌륭하기도 하다. (중략) 우리는 우리 아이들을 모아 작은 공동체를 꾸려서 그 아이들에게 부모 세대가 불완전하게 수행 중인 일들을 완벽하게 해낼 수 있도록 가르치려 한다."

　테일러주의자들은 아이들을 모아 산업체 업무를 '완벽하게' 수행할 수 있는 근로자로 성장하도록 가르치기 위해 전체 교육 시스템의 구조를 과학적 관리에 따라 재편하기 시작했다. 모든 것을 평균 중심으로 표준화하게 된 것이다. 이것이 교육학에서 말하는 공장형 모델(factory model)의 학교다.

　전국 학교들이 '게리 플랜Gary Plan'을 채택했다. 게리 플랜은 인디애나 주의 산업화 도시 지명을 따서 붙여진 것으로 학생들을 성적이나 관심사나 적성별이 아닌 나이별로 나눠놓고, 분리된 그룹별로 교실을 이리저리 옮겨 다니며 표준화된 시간 동안 수업을 받게 하는 방식이었다. 미래에 아이들을 직장 생활에 적응시키려는 차원에서 신체 리듬을 조절하고자 공장의 종을 흉내낸 학교 종을 도입하기도 했다.

　이들은 효율적으로 아이들을 가르치기 위해 커리큘럼 기획자라는 새로운 전문 역할을 도입했다. 커리큘럼 기획자는 학생들의 지도 내용 및 방법, 교과서의 필수 주제, 학생들의 성적 채점 방식 등 학교에서 행해지는 모든 과정에 커리큘럼을 만드는 것이었다.

　학교의 테일러주의화를 전폭 지지했지만 살짝 다른 의견을 가진 사람은 손다이크였다. 그는 모든 학생이 동일한 평균적 업무에 준비되도록 동일한 평균적 교육을 받게 해주는 것을 교육의 목표라는 주장은 잘못된 생각이라 믿었다. 그는 학교란 어린 학생들을 각자의 재능에 따라 구분해 각자에게 맞는 삶의 지위를, 즉 관리자형일지 근로자형일지, 탁월한 리더형일지, 있으나 마나한 존재일지를 효율적으로 정해 그에 따라 교육 자원을 제대로 배분할 수 있어야 한다는 것이 그의 교육관이었다.

그는 '평등보다 질이 더 중요하다'를 내세우며 우등생을 가려내 아낌없는 지원을 쏟아붓는 것이 모든 학생들에게 똑같은 교육기회를 주는 것보다 더 중요하다고 여겼다. 오늘날 손다이크의 '등급 중심적 교육'은 아직도 영향을 미치고 있으며, 대학 평가의 기준이나 심지어 기업의 직원 채용 결정에 지원자의 출신학교 성적과 등급을 기준으로 삼고 있다. 기업의 평가에 있어 직원의 고급 학위소지자의 수와 명문대 졸업자가 얼마나 많은가에 따라 등급이 나뉘기도 한다.

21세기 교육 시스템은 손다이크의 영향 하에 있는 듯 보인다. 아이들은 초등학교 저학년 때부터 평균적 학생에 맞춰 설계된 표준화 교육 커리큘럼 상의 수행력에 따라 분류된다. 평균을 넘어서는 학생들에게는 상과 기회가 주어지고 뒤처지는 학생들에게는 제약과 멸시가 가해진다. 심지어는 부모가 이러한 기준을 더 자연스럽게 받아들이고 행하고 있다고 〈평균의 종말〉을 쓴 토드 로즈는 말한다.

평균주의는 산업사회에 최적화된 철학이자 교육 시스템에 적합했다. 산업사회에 평균주의는 기업이나 학교의 관리자들이 수많은 사람을 가려내서 표준화하고 등급화한 시스템의 적절한 자리에 배치시키는 데 효율적인 방법이었다. 그 시대에는 맞았다. 모두를 만족시킬 수 있는 방법은 없지만 대다수를 만족시킨 그런 방식이었다. 그러나 지식창조사회가 된 지금에도 평균주의는 아이나 부모 모두에게 평균만 넘어서려는 쓸모없는 노력으로 삶을 낭비하고, 이득 없는 게임을 하게 만들고 있다.

대부분의 부모들이 지금 자신이 아이에게 하는 교육에 의문을 품고 있다. 방향은 모르겠지만 '이건 아닌 것 같은데……'라는 불안을 갖고 있는 것이다. 시스템에 불만을 갖고 선발 방식의 수정에는 동의하고 있으나 좀처럼 현실화되지는 못하고 있다. 이런 상황에서 손을 놓고 마음에 들지 않는 방식에 아이를 끌어들이기는 뭔가 마음이 놓이지 않는다. 아이들에게 평균과 비교해 평가받도록 조장하며 아니 강요하며 아이들에게 그 정당성을 끝도 없이 제시하는 승자 없는 평균의 게임에 몰아놓고 있다.

부모들은 자녀가 평균 기준에 따라 성장하지 못할까봐 혹은 평균 교육을 못 따라갈까 전전긍긍하며 평균에 못 미칠 때 불안해한다. 그러면서 모두의 바람은 평균보다 조금 더 나아지는 것을 성공이라 믿으며 교육에 매진한다. 직업적 성공을 판단하기 위해서는 자신의 급여를 평균급여와 비교하고, 학업성과를 판단하기 위해 자신의 성적을 친구와 비교해야 한다. 비교, 비교, 비교…….

그러나 이와 같은 평균주의식 사고에서 벗어나게 되면 이전에는 불행하고 불가능해 보였던 문들이 열리며 행복과 가능의 길로 안내한다. 그것은 바로 '진정한 나로 사는 삶'이다. 평균의 시대에서 개개인성의 시대로 넘어가는 시대의 대변혁기에 대한민국의 교육의 문제는 아직도 평균주의에 함몰돼 개개인성을 놓치고 있는 것이 아닌가 한다.

특히 자녀의 행복을 최고의 목표로 추구하는 부모는 자녀의 개개인 성을 주목하고 발굴하여야 할 것이다. 이것이 자녀를 진정으로 존중하는 부모의 모습이고 자녀의 미래를 열어주는 부모의 역할일 것이다.

# 세계 기업의 인재 채용 방식은
# 어떻게 변화하는가

▶▶▶

기업도 최근에는 개개인성에 좋은 최고의 인재를 발굴하는 데 노력을 기울이고 있다. 토드 로즈가 〈평균의 종말〉에서 말한 여러 기업의 예를 살펴보며 이러한 변화를 느껴보자.

구글은 2000년대 중반에 이미 시대를 주도하는 인터넷 거인으로 도약하면서 역사상 가장 혁신적이고 성공한 기업이 되었다. 단시간에 성장과 혁신을 이뤄가며 인재발굴에 힘썼다. 높은 급여, 직무환경, 연구기회 등을 직원에게 제공하며 세계에서 가장 일하고 싶은 직장으로 선정되었다. 2007년 무렵에는 매달 10만 건의 입사지원서가 쇄도할 정도로 인재 선발에 여유를 가지고 있었다.

구글은 초반까지만 해도 채용 결정 방식이 〈포춘Fortune〉지 선정

500대 기업과 같았다. 입사 지원자의 SAT(대학수능 시험) 점수, 학교 GPA(내신 성적), 학위를 검토한 후 최상위 지원자를 채용해 세계 최고의 인재로 가득 찼다. 구글은 성장과 수익성을 꾸준히 지켜가고 있었음에도 불구하고 2000년대 중반 인재선발 방식에 뭔가 문제가 있다는 신호를 감지했다.

고용 결과가 경영진이 생각했던 대로 이어지지 못하는 경우가 빈발했다. 회사 내 신입사원 채용 담당자들과 경영자들 사이에서 성적, 등급, 졸업장같이 대다수 기업에서 흔히 활용하는 기준으로는 제대로 포착하지 못하는 재능을 가진 수많은 지원자들을 알아보지 못하고 있다는 인식이 점점 확산됐다.

2012년 세계 최대 컨설팅 전문 기업 딜로이트는 자사 전 직원을 근무실적에 따라 5등급으로 나누고 직원을 평가했다. 구글과 마찬가지로 딜로이트도 등급으로 직원을 평가하는 방식이 효과가 없음을 인식하고 그 방식에서 탈피하려 하였다.

1980년대 제너럴 일렉트릭은 강제등급이라는 시스템을 마련하고 '등급 매겨 내쫓기' 방식을 취했다. 마이크로소프트는 해마다 직원들의 성과를 평가해 하위 10퍼센트를 해고하는 제도인 '스택 랭킹'을 실시했으나 마이크로소프트 역시 스택 랭킹이 직원들에게 등급 경쟁을 야기시키고 협력 의지를 꺾고 있으며, 직원들은 자신의 등급이 깎일까봐 업무성과가 높은 사람들과는 일하길 꺼린다는 것을 알게 되었다. 결국 이것이 완전 실패작이었음을 인정하여 2013년에는 스택 랭킹을

엄마의 학교

폐지해버렸다.

2015년 구글, 딜로이트, 마이크로소프트 모두 자사의 등급 중심 채용과 평가 시스템을 수정하거나 폐기했다. 왜일까? 세계적인 혁신 기업 모두 처음에는 평균주의 개념을 따랐고, 등급화가 개인들의 효율적 평가방식이라 생각했던 것이다.

구글에서 2004년 인사부에서 분석 업무를 맡던 토드 칼라일은 이상한 현상을 감지했다. 당시만 해도 채용 관련 서류에서 입사 지원자의 GPA와 표준화 시험 점수가 중요하게 다뤄졌었다. 그런데 프로젝트 팀장들이 칼라일에게 입사 지원자들에 대한 별도의 추가 정보를 요청하는 경우가 늘고 있음을 알아차렸다. 예를 들면 팀장에 따라 입사 지원자들의 프로그래밍 경진 대회 참가 여부를 알려달라고 하거나, 체스나 밴드 활동 같은 취미생활을 알려달라고 하는 것이었다.

칼라일은 팀장들이 팀원의 점수가 아닌 비전통적인 기준을 왜 알고 싶을까? 에 의문을 품었고, 구글의 직원채용 방식에 변화를 주어야 하겠다고 결심했다. 칼라일은 300가지 이상의 목록(이를 칼라일 요소라고 부른다)을 짜며 여기에 표준화 시험 점수, 학위, GPA 같은 전통적 요소뿐만 아니라 팀장들이 중요하다고 지목했던 특이한 요소들 (예를 들어 구글의 주요 임원은 컴퓨터에 처음 흥미를 갖게 된 때가 몇 살이었는지도 중요한 요소일 수 있다는 견해를 냈다)까지 포함시켰다.

검증 결과 SAT 점수와 출신학교의 명성은 재능을 미리 예견해주는 지표가 되지 못했다. 프로그래밍 경진 대회의 우승 역시 마찬가지였다. 성적은 어느 정도 중요한 예견 지표였으나 그것도 졸업 후 3년 동안만 그랬다.

"저나 구글의 많은 사람들이 정말로 놀랐던 부분은 따로 있었어요. 자료를 분석해보니 구글의 대다수 업무 영역에서 단 하나의 변수가 중요한 지표가 되는 경우는 없었습니다. 아니 단 하나의 업무 영역에서도 그런 경우가 없었다고 해야 맞겠네요. 놀랍지 않으세요?"

이 이야기는 구글이 직원 채용을 최대한 잘하고 싶었다면 다차원적인 방식으로 세심히 신경을 써야 했다는 것이다. 그 이유는 사람은 다차원적이기 때문에 일차원적인 평가(성적)로는 그 사람을 평가할 수 없기 때문이었다. 그래서 칼라일은 구글 신입사원 채용 방식에 변화를 주었다. 그 내용은 이렇다. 어떤 입사 지원자든 졸업 후 3년이 지나면 시험 성적은 무용지물임이 밝혀졌으므로 이제 구글에서는 여간해서는 입사 지원자들에게 GPA를 묻지 않는다. "우리는 이제 출신학교에 대해서도 예전과 같은 식으로 다루지 않습니다."

구글보다 훨씬 작은 ING도 처음에는 다른 기업들처럼 직원채용 방식을 채택했지만, ING 임원들은 회사가 작으니까 유능한 인재를 영입하기 위해서는 더 많은 급여를 제시하거나 재능에 대한 사고방식을 바꾸거나 둘 중의 하나를 택해야 한다고 생각했다. 그에 따라 2011년 코드 푸Code-foo라는 프로그램을 마련했다. 미발굴된 프로그래밍 인재를 찾아내기 위한 '이력서 배제 채용 프로그램'이었다. 코드 푸는 6주 과정의 유급 프로그램으로 프로그래머들에게 새로운 프로그래밍 언어를 배우게 한 뒤 ING에서 하는 프로젝트에 참여시키는 방식이었다.

코드 푸는 입사 지원자들의 학력과 경력을 철저히 무시하는 독특한 방식이었고 그 대신 4개 질문에 답하는 '열정 소개서'를 제출하게 했다. ING의 원칙은 "우리 회사는 당신이 전에 무슨 성과를 냈고, 프로그램을 어떤 식으로 배웠는지 따위에는 관심이 없습니다. 단지 당신이 능력이 있고 업무에서 자신의 실력을 발휘하고자 하는 열의에 차 있길 바랄 뿐입니다"이었던 것이다.

2011년 104명이 코드 푸 프로그램에 지원해 28명이 선발되었는데 그 중 절반만이 IT 분야의 학사 학위 소지자였다. ING 사장 로이 바하트는 "최종 채용자들의 이력서를 보면 도저히 그 직종에는 적임자가 되지 못하겠다고 말할 만한 경우는 아닙니다. 하지만 단지 이력서만 보고 판단한다면…… 꼭 예스라고 말할 만한 점도 없는 이들이죠. 말하자면 그 최종 채용자들은 우리가 그동안 간과해왔던 그런 유형들입니다." 이처럼 세계적인 대기업에서는 이제 평균적인 관점에서 평균을 뛰어넘는 인재를 뽑는 것에서 벗어나 각자가 갖고 있는 다양한 개개인성을 보기 시작했음을 의미한다.

우리는 아이의 평균 이상의 성적을 위해 아이들 각자의 재능이나 개개인성을 무시하거나 간과해오며 성적이라는 일차원적인 관점에서 아이들을 평가해왔다. 그러나 이 시대의 대표적인 학문으로 자리매김하게 될 개개인학은 이런 일차원적인 관점에서 벗어나 개개인이 가진 다차원적인 관점으로 아이들을 다시 보아야 함을 강조하고 있다. 어쩌면 우리가 아이들의 재능을 구별할 새로운 방법을 찾는 것이 문제가 아니라 아이의 재능을 알아보지 못하게 우리의 시야를 방해하는 성적이라는 일차원적 눈가리개를 제거하는 일이 더 중요해졌음을 인식해야 할 것이다.

왜 이 시대는 성적보다는 다른 요소를 보는 다차원적인 관점에서 아이들을 바라봐야 할까? 그 이유는 지식창조사회는 디테일이 필요하며 개개인성이 가장 잘 발휘되는 부문의 사람들이 모여 협업을 해야 하는 시대이기 때문이다.

과거의 산업사회와는 전혀 다른 인재상을 지금의 시대는 필요로 하고 있다. 그러한 인재상이 무엇이냐고 묻는다면, 그 답은 적어도 지금까지의 보편적인 사람은 아니라고 대답할 수 있을 것이다.

# 미래인재가 반드시 갖추어야 할 세 가지 역량

▶ ▶ ▶

미래인재가 갖추어야 할 세 가지 역량은 기초소양, 기초역량, 그리고 핵심역량이다. 기초소양은 주로 인성을 의미한다. 인내, 성실, 근면, 만족지연능력, 도전의식, 회복탄력성, 내적 동기와 집중력, 그리고 몰입 등 우리가 정서지능(EQ: Emotional Quotient)이라고 말하는 것들로 주로 가정에서 부모가 키워주는 것들이다.

기초역량은 소위 말하는 공부를 의미하며, 직업생활을 할 때 기본적인 능력으로 활용되며, 주로 학교에서 길러지게 된다. 핵심역량은 그 사람만이 가지고 있는 역량으로 다른 사람과 차별되어 대체 불가능한 그만의 능력이라 할 수 있다. 핵심역량을 가진 사람을 우리는 핵심인재라고 한다. 자신만의 창의적인 콘텐츠로 무장하여 어느 누구와도 대체될 수 없는 인재를 의미한다. 지식창조사회는 이런 인재를 원하고 있다.

산업사회는 기초소양과 기초역량만으로도 살아갈 수 있는 사회였다. 이 시대는 농경사회 부모들의 교육으로 기초소양을 가진 사람들이 많았고, 기초역량을 가진 사람이 적었기 때문에 대학을 나왔다는 것 자체가 핵심역량이 될 수 있었던 사회였다.

기초역량만을 가진 사람을 우리는 대체인재라고 한다. 대체인재는 그 사람이 아니더라도 다른 사람이 그 역할을 할 수 있는 인재를 말한다. 대부분의 부모들이 원하는 직장에 취직하는 직장인을 의미한다. 대체인재는 공교육에서 받는 교육 과정을 철저히 수행한 사람들로 기초역량을 갖춘 사람들이다. 그렇기 때문에 꼭 그 사람이 아니더라도 기초역량을 잘 배운 사람이면 누구라도 그 역할을 대체할 수 있는 것이다. 대한민국에서 학교 공부를 열심히 한 사람들이 갈 수 있는 자리이다.

산업사회에서 대체인재는 기업에 들어가면 기업연수 등을 통해 사원으로서 핵심역량을 기를 수 있었다. 그러나 글로벌경제가 되면서 기업의 경쟁력이 약화되어 사원교육에 투입할 예산 부족으로 이제 기업은 사내교육으로 핵심인재를 길러내기보다는 헤드헌터에게 돈을 지급하더라도 미리 갖추어진 인재를 스카우트하는 데 힘을 기울이고 있다.

지금은 기초역량을 가진 사람이 넘쳐나고, 고등교육을 받은 사람은 많지만 지식창조사회를 이끌어갈 창의적인 핵심역량을 가진 사람은 부족한 것이 현실이다. 기초역량을 가지고 일하고 싶은 사람은 넘쳐나는데 정작 회사에서는 쓸 만한 사람이 없다고 아우성이다. 이런 현상이 나타나는 것은 시대가 변했음에도 시대가 원하는 인재를 길러내지 못했기 때문이다.

이에 비해 아웃소싱 인재는 회사에서 보유하고 있기에는 능력보다 투자금이 더 드는 인재로 평상시에는 회사에서 기용하지 않고 필요시에만 아웃소싱하여 소모적인 일에 사용하는 인재를 말한다. 청소 용역이나 주차 용역에서 일하는 인재가 여기에 해당된다. 이런 인재가 하는 일은 그야말로 기초역량도 필요치 않아서 학교 공부를 그다지 잘하지 못해도 기초소양만 있으면 활용 가능한 인재이다.

그런데 문제는 최근 대체인재도 아웃소싱화되어가고 있다는 점이다. 그 이유는 직장의 업무가 프로젝트 단위로 이루어져 필요할 때 쓰고 업무가 마무리되면 흩어지는 헐리우드 방식(헐리우드에서 영화를 찍을 때 배우와 스탭들이 모였다 흩어지는 방식)으로 일이 이루어지기 때문이다.

대한민국 부모들의 문제는 시대의 변화를 감지하지 못하고 아직도 산업사회 교육 패러다임으로 아이들을 성적과 학벌 위주로 공부를 시켜 기초역량에 올인함으로써 대체인재를 양산하고 있다는 데 있다. 대체인재의 문제는 전문성 확보가 어렵고 은퇴 후 재취업이 어려워 이전에 받던 근로소득을 얻을 수 없으므로 은퇴 후 10년 내에 빈곤층으로 떨어져 생계가 위협받게 된다는 것이다.

그래서 지식창조사회의 부모들은 아이들이 평생 현역이 될 수 있도록 아이들 각자의 잠재능력에 맞는 맞춤식 교육을 통해 핵심역량을 길러주는 것이 매우 중요하다. 현재 공교육의 체제는 1대 다수의 교육이기 때문에 개인 맞춤식 핵심역량을 길러주기에는 한계를 가지고 있다. 따라서 이는 가정에서 준비해주어야 하는 역량이다.

# 창의인재의 종류_
# 룰 체인저, 기크, 슈링크

▶ ▶ ▶

엄마들은 미래사회의 인재라고 하면 모든 아이들이 공부를 잘해야 하는 줄 알고 있다. 그러나 미래사회는 기존에 있는 룰을 변화시키는 룰 체인저를 원하고 있다. 룰 체인저란 말 그대로 룰을 바꾸는 사람으로 애플의 스티브 잡스가 대표적 인물이다. 잡스는 여러 분야에서 룰을 바꾸었던 이다. 한 가지 예를 들어본다면 잡스는 과거 우리들이 음악을 듣는 룰을 바꾼 사람이다. 그가 만든 아이튠즈는 음악을 업로드하고 다운로드 받을 수 있는 플랫폼이다. 음악을 듣고 싶거나 자신이 쓴 곡을 올리려는 사람은 누구나 잡스가 마련해준 아이튠즈라는 플랫폼에 들려 음악을 즐길 수 있다.

과거에 음악을 들으려면 음악을 틀어줄 수 있는 도구가 필요했고,

그 기계에 넣을 수 있는 LP, 카세트, CD가 필요했다. 음악을 듣기 위해서는 이 두 가지가 필요했고, 또 음악을 틀을 수 있는 도구를 가져야 가능한 일이었다. 그러나 잡스가 다운 받을 수 있는 아이튠즈를 만든 이후 우리는 언제 어디서든 다운로드를 통해 세계의 거의 모든 음악을 들을 수 있게 되었다. 잡스는 음악을 듣던 룰을 바꾼 것이다.

룰을 바꾼다는 것은 잡스처럼 플랫폼을 만드는 것뿐만 아니라 다양한 예를 우리 주변에서도 쉽게 볼 수 있다. 언젠가 TV에서 보았던 생선가게 사장이 그런 경우다. 생선가게는 업종의 특성상 한계를 가지고 있다. 신선한 생선을 그날 처분해야 하고, 주부들이 저녁 준비를 하기 위해 들르기 때문에 영업시간이 일찍 종료된다는 단점을 가지고 있다.

생선가게 사장은 고객들을 관찰함으로써 생선가게의 룰을 체인지한 창의적인 인재였다. 주부들이 생선 손질을 어려워한다는 것을 알고 생선을 손질해주며, 생선가게를 거쳐 야채가게에 들른다는 것을 알고, 야채를 함께 팔았다. 일찍 종료되던 영업시간을 연장하고 남은 생선을 처분하고자 매운탕 전문 음식점을 열어 수익을 창출하였고, 주부들이 생선 굽는 냄새 때문에 생선 사 가기를 꺼린다는 것을 알게 되자 가게 옆에 그릴을 마련해 적은 돈을 받고 생선도 구워주는 서비스를 하고 있었다.

나는 이 생선가게 사장을 보면서 생선가게 스티브 잡스라는 생각이 들며 미소가 지어졌다. 반드시 IT 분야에만 창의적 인재가 있는 것은 아니다. 각 분야마다 자신이 하는 업무에 룰을 변화시킬 수 있는 사람

엄마의 학교

이라면 누구나 룰 체인저가 되는 것이다.

이제 기존의 룰만으로는 까다로운 고객을 만족시킬 수 없는 시대가 되었다. 룰 체인저가 되어 신선한 충격을 줄 수 있는 사람이 이 시대의 창의인재라 생각된다. 이런 룰 체인저는 각 분야에서 나올 수 있으며, 공부만 잘해서 되는 것이 아니라 기존의 생각을 바꿔 창의적인 아이디어로 승부할 때 가능하다. 이럴 때만이 기존의 룰에 들어가 피바다가 되는 레드오션이 아닌 블루오션에서 혼자 유유히 유영할 수 있으며 각박한 시장 상황에서 틈새 사업도 발견할 수 있는 것이다.

엄마들이 부러워하는 인재상은 공부를 잘하는 아이들이 갈 수 있는 수학과 과학 분야, 그리고 예체능 분야이다. 엄마들이 좋아하는 이유는 이 분야의 진로 로드맵이 이미 마련되어 있기 때문에 그 로드맵을 따라가면 성공 가능성이 높기 때문이다. 이처럼 한 분야에 뛰어난 천재를 우리는 기크Geek라고 한다.

그러나 우리 아이들이 살아갈 미래는 기크 분야에만 있는 것이 아니다. 〈리더십을 재설계하라〉를 쓴 존 마에다 교수는 앞으로 예술가와 디자이너 가운데 CEO가 나올 것이라 예견하고 있다. 존 마에다 교수가 예술가에 관심을 갖는 이유는 기업에서 디자인적 사고를 가진 인재를 원하기 때문이다. 디자이너처럼 자신의 아이디어를 구상하고 만들어내며, 적재적소에 인재를 배치하는, 창조적인 시각을 가진 사람을 필요로 하는 이유다.

이런 인재를 우리는 슈링크Schrink라고 한다. 슈링크는 기크처럼 한 분야의 전문가는 아니지만 기크를 알아보고 그들을 통해 다양한 관심들을 하나의 아이디어로 묶고 각 분야에 기크를 배치할 수 있는 인재를 말한다. 기크처럼 논리수학지능이나 예술 분야의 지능은 그리 뛰어나지 않지만 자신의 아이디어를 언어지능과 대인지능으로 풀어낼 수 있는 인재가 슈렁크다. 지식창조사회는 어쩌면 이들을 더 간절히 원하고 있는지도 모른다. 어떤 학자는 미래에는 대인지능 하나만 있어도 살아갈 수 있다고까지 하니 말이다.

따라서 아이들을 하나의 분야에 가두는 것보다는 독수리의 눈처럼 상위레벨에서 상황을 파악해야 한다. 산출물을 낼 수 있는 새로운 유형의 인재가 필요한 시대가 전개될 것이기 때문이다. 미래는 아이들의 지능이 무엇이든 그 지능을 바탕으로 최고의 능력을 펼칠 수 있도록 조력하는 것이 가장 중요한 부모의 역할이 된 것이다. 이제는 공부를 잘하는 것만이 우리 아이가 살 길이라는 엄마들의 오해와 편견에서 벗어나야 한다.

# 창의인재는
# 다중지능의 발견에서 시작한다

▶ ▶ ▶

'창의인재'의 특성은 무엇일까?

미하이 칙센트미하이(Mihaly Csikszentmihalyi, 미국의 심리학자)는 창의적인 사람들의 성공 조건을 세 가지로 설명하고 있다. 우선 이들은 각자의 적성 즉 강점지능을 파악하여(Individuality: 개인적인 특성, 다중지능 강점지능 프로파일), 그 영역의 교육, 독서, 훈련, 체험 등을 통하여 실력을 쌓았고(Domain: 영역, 교육), 그 분야의 전문가들에게 인정을 받는(Field: 분야) 특징을 보인다. 이 세 가지 조건을 충족시키는 창의인재가 지금 세상이 원하는 인재상이며, 이들이 미래 사회에서 성공할 수 있다고 한다.

예를 들면 피카소가 완벽하게 일치하는 예인데, 피카소는 아버지가 발견한 화가로서의 자질(I)이 스페인 왕립예술학교(D)에서 교육을 통해 길러져 화단(F)에서 인정받은 경우이다. 그러나 이중섭의 경우는 화가로서의 자질(I)을 지녔고 동경미술학교(D)에서 수학하였으나 화단(F)에서는 인정받지 못한 비운의 경우이다. 이보다 더 불운의 화가는 장승업이었다. 장승업은 화가로서의 자질(I)은 있었으나 천민의 아들로 태어나 미술교육(D)을 받지 못하고, 화단(F)에서도 인정을 받지 못한 예이다.

이처럼 한 분야에서 성공하려면 IDF가 완벽한 조화를 이루어야 한다. 이것이 지식창조사회에서 원하는 인재로 키워내기 위한 미래교육 3스텝, 즉 IDF이론이다.

피카소 - I - D - F
이중섭 - I - D
장승업 - I

〈21세기 신천재들〉이란 책에서 10대 청소년 20여 명을 대상으로 이들의 다중지능과 라이프 스토리를 실었다. 각자 재능과 삶의 방식은 달랐지만 이를 토대로 창의인재의 특징은 무엇인지 도출해보았다.

창의인재에는 다음 4가지 특성이 있다.

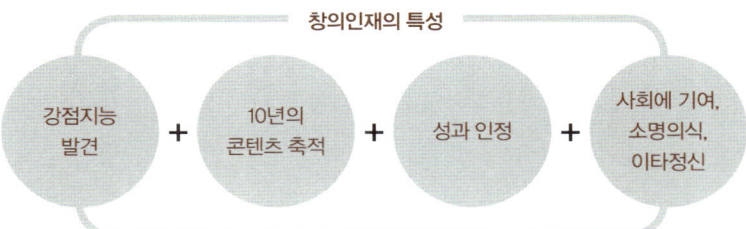

1. 각자의 강점지능을 조기에 발견했으며, 도움을 준 사람은 부모와 교사, 그리고 스스로 찾은 경우도 있었다.(I)
2. 10여 년의 집중적인 시간 투자를 통해 각자 분야에서 콘텐츠를 쌓은 후 전문성을 확보했다.(D)
3. 확보한 콘텐츠로 성과를 내어 각자의 분야에서 전문가들의 인정을 받았다.(F)
4. 인성적 측면에서 EQ가 발달하였고, 소명의식과 이타정신을 토대로 자신이 낸 성과를 선용하고자 하였다.

## 강점지능 조기 발견

창의인재의 가장 큰 특징은 다중지능 측면에서 보았을 때 자신의 강점지능을 조기에 발견하여 개발을 통해 인정을 받는 경우이다. 이 경우 대개는 부모가 발견한 경우가 많았고, 또는 선생님이 발견하거나, 아니면 스스로 능력을 발견하고 좋아하다 보니 그 분야의 창의인재가 되었다.

자신의 분야를 스스로 알아낸 마술사 정동길이 "꼭 마법에 걸린 기분이었어요. 헤어나올 수 없었으니까요"라고 말하듯이 스스로의 강점 지능을 발견한다는 것은 무언가에 이끌림을 받는 경우이며 이에 더해 부모의 수용과 지지가 없었다면 자신의 분야에 온전히 집중할 수 없었을 것이다.

창의인재들은 대부분 어려서(5세 전후) 각자의 재능이 발견되었고 늦게 알게 된 경우라도 열정과 노력으로 빠른 성장을 보였다.

### 독서의 힘

창의인재들은 적성을 발견한 후 10년간 자신의 분야에서 독서나 공부, 훈련 등을 통해 전문분야의 콘텐츠를 완성해갔다. 집중적인 시간 투자를 위해 대한민국 대부분의 학생들이 받는 사교육을 받지 않았고, 받았더라도 각자의 분야를 위한 맞춤식 교육을 받았다. 이들이 사교육을 받지 않은 근본적인 이유는 어느 대학을 가느냐가 목표가 아니라 그들이 되고 싶은 구체적이고 장기적인 목표가 있었기 때문이다.

10년이란 시간은 말콤 글레드웰이 말하는 1만 시간의 법칙과 같은 시간이며, 누구나 이 정도의 시간을 투자해야 자신의 분야에서 전문성을 드러낼 수 있다. 창의인재들은 공통적으로 남는 시간 대부분을 독서에 투자하였다. 창의인재의 어머니들도 자녀가 원하는 책은 무엇이든 사주었고, 도서관을 함께 다니는 등 책 읽을 분위기를 조성해주며 독서에 공을 들였다.

## 두 개 이상의 전문분야 통섭

　창의인재는 자신이 가서 배워야 할 분야와 지역을 알고 그곳으로 이끌림을 받는다는 특징이 있다. 영화 영재인 구혜민은 영화학의 산실인 미국의 서부 할리우드가 아닌 동부의 예일대에 지원하였다. 그녀가 예일대를 택한 이유는 미국의 배우이자 영화감독인 조디 포스터가 영화〈피고인〉으로 아카데미 여우주연상을 수상할 때 "훌륭한 배우가 될 소양을 예일대에서 배웠다"고 했던 것. 그리고 예일대를 나온 할리우드 배우나 감독들은 유독 자신의 영화 인생에서 가장 중요한 것을 예일대에서 배웠다고 하는 것을 듣고 예일대를 택하게 되었다고 한다. 그리고 이는 가장 지혜로운 선택이었다.

　예일대학교는 다른 학교와는 달리 연극영화과가 인문대에 소속되어 인문학의 세례를 받을 수 있는 곳이다. 이 학교 출신의 영화 관련 유명 인사들이 성공한 것도 바로 이 때문이다. 무언가를 제대로 하기 위해서는 자신의 전문분야뿐만 아니라 그것을 뒷받침해줄 수 있는 학문이 꼭 필요하며, 이를 바탕으로 해야 비로소 독특한 자신의 분야에서 자신의 역량을 발휘해낼 수 있다.

　첼리스트 장한나가 하버드 대학 철학과를 선택한 것과도 같은 맥락이다. 한 분야에 뛰어나려면 그 분야의 기량을 익히는 것만이 중요한 것이 아니라 전문분야의 기량을 해석할 수 있는 틀을 가져야 한다. 한국처럼 한 분야를 선택하면 학과공부도 제쳐두고 연습에만 매달리는 우리의 예체능 현실과는 다른 모습이며, 창의영재에게서 배워야 할 점이다.

### 자기 분야의 핵심 관통

창의인재들은 콘텐츠 확립을 위한 10여 년의 꾸준한 노력을 통해 각자 자신의 분야에 핵심을 관통하는 조숙함을 보여주었다. 요리 인재인 노유정은 "음식은 단순히 음식이 아니라 치유의 도구이며 정성이다."라고 말했다. 이처럼 소설가를 꿈꾸는 전아리는 독자층을 누구로 할까?라는 고민 끝에 "소설은 자신이 속한 시대의 사람들의 이야기다"라고 말했다. 그 분야의 전문가들이나 할 만한 정의들을 내리고 있다. 홍지현은 연극과 희곡을 읽으며 연극의 규칙성을 깨달았고, 구혜민은 영화를 보며 편집이나 컷에 대한 이해를 통해 영화문법을 알게 되었다고 한다.

### 전문가들의 인정

창의인재들은 그동안 자신들이 일군 콘텐츠를 여러 기관과 방법을 통해 알리고 평가 받기를 게을리하지 않은 이들이다. 한국 정보올림피아드 대회, 세계 로봇 대회, 한국 수학 올림피아드, 각종 콩쿠르 및 자격증 취득, 작품창작과 공연, SCI논문 게재를 통해 전문가들에게 인정받았다. 물론 과정에 불과한 이러한 평가일지라도, 앞으로 이들이 가게 될 진로에 큰 힘이 될 것은 분명하다.

### EQ(정서지능)의 발달

창의인재들은 능력이 뛰어난 것뿐만 아니라 EQ 영역이 발달되어 그들의 능력을 꽃피우는데 도움이 되었다는 공통점을 갖고 있다. 즉 정신력, 성실성, 열정, 노력, 자기성찰능력, 도전의식, 끈기, 승부욕, 실행력, 높은 목표의식, 과제집착력 등을 가져 자신의 정서를 활용하면서 능력 면에서도 빠른 성장을 보여주었다.

재능과 열정을 가진 창의 영재이지만 그들은 자신의 분야를 추구하면서 오는 스트레스 관리 방법도 남달랐다. 자신의 다중지능 강점 프로파일 중에서 2~3번째 지능을 활용하여 동아리 활동 등을 했다는 것은 눈여겨볼 만하다. 흥미도 있고 능력도 있는 분야이기 때문에 자연히 성과도 뛰어났을 것이므로 이러한 활동에서 얻은 자신감은 제1 강점지능에 전념하는 데에도 도움이 됐을 것이다.

### 사회에 기여, 소명의식, 이타정신

이들은 자신의 재능을 타인을 위해 사용하려는 소명의식과 이타정신도 갖고 있어 자신의 분야에 더 매진하는 모습을 보였다. 프로그램을 개발하여 자신이 번 돈을 사회를 위해 쓰고자 했으며, 자신의 경험을 통해 대학에 입학하는 학생들에게 도움을 주기 위해 만든 교내 진학 정보 제공 사이트를 운영하기도 했고, 기업에서 사이트의 인수 제의가 들어왔음에도 불구하고 이는 학생들을 위해 만든 것이고 학생들만을 위해 사용되었으면 하는 바람이 있다며 거절하기도 하였다. 돈보다는 많은 사람들에게 도움이 되고자 했으며, 신체장애를 갖고 있는 동생을 위해 줄기세포를 연구하는 의사가 되고자 하였다.

이들은 개인의 욕구에서 나오는 에너지보다 공익의 에너지가 더 높았다. 이 공익의 에너지가 이들의 재능에 날개를 달아준 것이 아닌가 생각한다. 따라서 부모들도 자녀가 목표를 설정하는 데 있어 스스로를 위한 공부에서 한 걸음 더 나아가 남과 세상을 위한 공부를 해야 한다는 소명의식을 넣어주어야 한다. 자신의 공부가 그 누군가에게 도움이 될 수 있다는 남다른 사명감은 자신의 공부에 추동력을 갖게 된다는 사실을 잊지 말아야 할 것이다.

이처럼 창의인재들은 일찍 재능을 발견하고 학원을 다니는 대신 독서와 성찰을 통해 10년의 법칙, 만 시간을 채운 결과 각자의 분야에 핵심을 파악하게 된 것이다. 이들이 이후 10년간의 숙성 기간을 거친 뒤 각자의 분야에서 그들의 창의성을 얼마나 훌륭하게 발휘할지 기대가 크다.

각자 재능이 뛰어난 것도 있었겠지만 무엇보다 그들의 재능을 꽃피울 수 있게 바른 교육관으로 토양이 되어준 이들의 부모들에게 나는 박수를 보내고 싶다. 우리나라의 미래는 사실 아이들뿐 아니라 이들 부모들에게도 덕을 입을 테니 말이다. 다음은 이들을 키워낸 창의인재 부모들의 특징에 대해 알아보자.

# 창의인재 부모들은
# 아이를 기다릴 줄 안다

▶ ▶ ▶

부모의 역할은 자녀의 잠재능력(I: Individuality)을 발견하여 교육(D: Domain)을 제공하는 데까지다. 그 다음은 자녀 스스로 노력, 집중력, 몰입, 도전 등의 EQ 영역과 그 분야에서의 10년간의 헌신, 그리고 의미 있는 타인과 같은 인적 자원(경쟁자, 지지자: 교사 코치, 부모, 친구, 형제자매)과의 소통 및 부모의 물적 자원, 문화적 자원, 건전한 교육관을 통해 지지 받음으로써 잠재능력이 성과로 현실화된다.

각 분야에서 미래의 인재로 인정받은 아이들의 부모들은 다음과 같은 특징을 보인다.

창의인재의 부모들은 무엇보다 '자녀의 행복'을 추구하였다. 자녀가 좋아하는 일에 충분한 시간을 주었고, 그 분야가 성적이나 입시와 관련이 없을 때도 허용하였다. 이 부분은 굉장히 중요한 의미를 지니는데 일반적으로 한 분야의 창의성을 발휘하려면 10년간 그 분야를 수용하는 기간을 보내고, 10년간의 숙성기간을 거친 후에야 드디어 창의성을 발휘하며 그 분야에서 새로운 것을 만들어낼 수 있다고 한다.

그런데 창의인재 부모들은 자녀들의 잠재능력을 빨리 발견하거나 아니면 아이가 원하는 대로 요구를 수용함으로써 각 분야의 전문성을 획득할 독서 시간과 몰입할 수 있는 시간을 확보해주었다. 아이들이 학원을 다니지 않은 것도 큰 역할을 했는데 이들은 다른 아이들이 학원을 다니는 시간에 자신의 분야에 헌신하여 10년의 법칙 또는 1만 시간을 채웠다는 공통점을 지니고 있다. 사교육에 열성을 쏟는 부모들이 귀담아 들어야 할 대목이다.

물론 이들 부모들이 모두 다 유능하고 뛰어난 뒷받침을 했다고 할 수는 없지만 그들 대부분은 관찰을 통해 자녀가 보내는 사인sign들을 읽어내고 자녀에게 가장 필요한 것을 제공하였으며, 자녀를 존중하고 자녀를 평가해주는 사람들의 말에도 열린 태도를 보였다.

무엇보다 부모가 자녀를 자신이 원하는 대로 만들려는 생각이 없었다. 단지 자녀에 대한 무한한 믿음을 갖고 인내가 아닌 격려와 지지를 건넸으며, 무심히 기다려주었을 뿐이다.


이들 부모의 가장 큰 특징은 자녀들이 다음 단계로 넘어갈 수 있도록 역치易置를 해주었다는 점이다. 자녀의 수준이 높아질 때마다 아이를 가르쳐줄 교사를 찾는다든지, 스승을 찾아 수없이 이사를 한다든지, 교육을 위해 안정적인 직업을 버리고 이민을 가서 직업을 구한다든지, 부모가 아이를 돌보기 위해 번갈아 가며 직업에 종사한다든지 하여 자녀들의 역치의 순간을 놓치지 않았다. 부모의 유전적 성향과 환경조성도 한몫을 했다. 때로는 부모가 자녀들의 스승이 되기도 하고, 멘토가 되기도 하며 자녀의 분야에 전문가가 되기도 했다.

이들의 교육관은 강요하지 않고, 독립성을 강조하며, 철저히 자녀가 주도하는 삶을 믿고 지원해 주는 형태였다. 어떻게 보면 무심하거나 방임하는 것 같아 보일 수 있지만 그들에게는 무엇보다 관찰을 통해 자녀의 역치의 순간을 놓치지 않는 지혜로움이 있었다.

이들 부모들을 보면서 문용린 교수님이 하셨던 "왜 신이 두는 장기판에 훈수를 두려 하느냐"라는 말이 떠올랐다. 이들은 관찰을 통해 자녀의 업을 발견하거나 자녀 스스로 찾은 업을 믿음을 갖고 기다려준 부모들이었다.

# 행복을 추구하는 아이로 키우기

산업사회에는 물질추구의 시기였으므로 돈이나 성공과 같은 외재적 가치를 추구하는 아이들이 경쟁을 통해 성공할 수 있는 구조였다. 그러나 지식창조사회는 물질에서 인간으로 관심이 이동함에 따라 인간을 널리 이롭게 하는 것이 아니면 환영받기 어려운 구조다. 그래서 지식창조사회는 외재적 가치를 추구하는 사람보다 내재적 가치를 추구하는 사람이 더 성공할 수 있는 사회다.

지식창조사회에서 성공하기 위해서는 진정으로 인간을 사랑하고, 인간을 이롭게 하기 위해 무엇인가를 제공하며, 그 일을 소명처럼 하는 사람이 환영받을 것이고 더불어 돈과 성공도 함께 따라올 것이다. 즉 의도의 순수성이 무엇보다 중요하게 되었고, 때문에 선한 의도를 가지고 내재적 가치에 무게를 두는 인재를 원하고 있다.

요즘 아이들은 개성과 욕구가 다양해서 과거처럼 그저 밥이면 되는 것이 아니라 입맛이 까다롭다. 1만 불 이하의 국민들은 돈을 벌고 생계가 안정되면 행복을 느끼지만 1만 불이 넘어가면 생존의 욕구 이상의 무엇을 요구하게 된다.

이미 우리나라는 3만 불을 넘어섰고 지금 우리 아이들은 이러한 세상의 아이들이다. 생계를 위해 직업을 선택하는 것이 아니라 자신이 하고 싶고 좋아하는 일로 자아를 실현하는 데에 무게를 두고 있다. 아이들의 이런 변화가 가정에서 부모와 자녀의 문제로 드러나곤 한다.

과거 직업을 생계 위주로 생각했던 엄마들은 "공부해서 좋은 대학 가고 직장에 들어가면 좀 좋아!"라고 아이들을 다그친다. 그러나 아이들이 원하는 삶은 그런 삶이 아니며, 부모의 이러한 직업관을 지루하고 따분하다고 생각할 수 있다.

아리스토텔레스에게 좋은 삶이란 바로 '에우다이모니아'였다. 그리스어로 흔히 '행복'이라고 번역되지만 아리스토텔레스한테는 다른 의미였다. 아리스토텔레스에게 행복이란 '상태'가 아니라 '행동'이었다. 에우다이모니아는 '번영' 또는 '가장 잘하는 것에 최선을 다함'이다. 행복을 추구하기 위해서는 외재적 동기가 아닌 내재적 동기에 의해 가장 잘하는 것에 최선을 다할 때 가능한 것이다.

# 융합 능력을 갖춘 아이로 키우기

인문학과 IT 사이에서 늘 고민하며, 출시될 때마다 혁신을 일으키는 스마트 기기를 선보였던 스티브 잡스는 이 시대가 원하는 융합형 인재의 대표라 할 수 있다. 그는 산업사회를 거치면서 넘쳐나는 전문가들에게 '융합'이란 시대의 키워드를 던지며 많은 사람들의 공감을 끌어냈다. 그는 대학을 중퇴하고 청강을 통해 흡수했던 다양한 학문 영역을 넘나들며 화학적 창발을 통해 만든 스마트 기기는 대중을 매료시키기에 충분했고, 시대를 선도한 영웅으로 자리매김하였다.

대부분의 스마트 기기는 상상을 초월하는 콘텐츠와 그 콘텐츠를 실현시킬 수 있는 SW 언어가 있어야 제작이 가능하다. 즉 교육 과정으로 말하면 이과와 문과가 결합해야 나올 수 있다. 문, 이과를 넘나들 수 있는 인재만이 지식창조사회의 인재가 될 수 있는 것이다.

우리나라가 초경쟁사회에서 살아남기 위해서는 어렸을 때부터 자신의 분야를 준비하여 높은 수준의 콘텐츠를 가진 인재가 필요하다. 선발 제도의 공정성으로 어떤 대학에 내 아이가 가느냐가 중요한 것이 아니라, 어떤 콘텐츠로 대한민국, 더 나아가 세계에 필요한 인재가 되느냐가 더 중요한 시대에 살고 있다. 부모들도 내 아이가 아니더라도 걸출한 인재가 나오기를 기대하는 마음을 가져야 하고, 그런 인재가 나왔을 때 내 아이도 안정된 직업을 가질 수 있다는 넉넉한 마음이 필요한 시점이다.

산업사회는 각 분야의 시스템 마련이 그 시대의 과업이었기 때문에 각 분야의 전문가들이 많이 배출되었던 사회다. 현재 전문가들은 이미 과포화 상태이고, 앞으로 해결해야 할 과업들은 각 분야의 융합을 통한 화학적 창발로 해결해야 할 문제들이다.

이미 정부에서는 초등학교 1학년부터 SW 교육을 실시한다고 발표하였다. SW 언어란 소프트웨어를 프로그래밍 할 수 있는 언어를 말한다. 아무리 좋은 아이디어가 있더라도 SW 언어를 모르면 실현에 한계를 가진다. 협업을 통해 아이디어를 구현할지라도 아이디어를 내놓은 주체가 어느 정도는 SW 언어를 알아야 더 잘 구현시킬 수 있기 때문이다.

레디에이션 랩The Radiation Laboratory이 19명이나 되는 노벨상 수상자를 배출했던 것은 공간을 열고 각 분야의 사람들과 융합하여 토론하고 정보교환과정에서 생긴 창발 때문이었다. 이제 융합 전쟁이 일어나고 있다. 누가 더 창의적인 융합물을 내놓느냐에 따라 개인은 물론 국가의 경쟁력이 좌우되기 때문이다. 이를 위해서는 두 개 이상의 학문을 하는 것이 필요하고, 창의성을 발휘할 수 있는 풍토가 가정이나 학교에서 제공되어야 한다.

김경동 교수가 주장하는 "우리는 학문 간의 벽이 너무 높은 것이 문제"라는 말에 전적으로 동의한다. 그리스 시대 아리스토텔레스의 시학을 보면 모든 학문은 융합되어 있었다. 원래 세상은 복잡계인데 데카르트 이후 대상을 쪼개어 관찰하기 시작하면서 단면만 보고 그것이 전부인 줄 알게 되었다는 데 문제가 있다. 지금 사용하고 있는 학문 구분은 윌러드 콰인(willard van orman quine 1908-2000)이라는 하버드대학 교수가 만든 체계로 학문을 분석과학과 경험과학으로 나누고 그 아래 여러 학문으로 세분하는 분류다. 이과, 문과를 나누는 것도 이처럼 학문을 쪼개는 데서 나온 발상이다. 김경동 교수의 말처럼 원래 인간은 융합의 실체며, 어쩌면 융합하는 것이 본래 인간의 모습일지도 모른다.

# 도덕적인 아이로 기르기

최근 사람들이 많이 하고 있는 트위터나 페이스북과 같은 소셜미디어는 나르시시즘적 자기표현 욕구를 표출하며, 나를 표현함으로써 타인으로부터 인정받고자 하는 사람들의 '보여주기' 욕구를 충족시켜주고 있다. 동시에 내가 관심 있는 사람을 관찰하고, 배우나 정치인들의 삶을 엿볼 수 있어 '엿보기' 욕구 또한 만족시켜주고 있다.

우리는 인터넷상에서 익명성이 보장될 것이라 생각하지만 지금 우리는 모든 것이 공개되는 정보통신사회에 살고 있다. 각종 스마트 기기들이 우리가 하는 생각과 행동과 말을 기록하고 있다. 얼마 전에는 온라인상의 기록을 지워주는 업체도 등장했다. 무심코 쓰거나 올렸던 자신들의 기록 때문에 곤란을 겪는 많은 사람들을 위해 생겨난 것이다. 빅데이터의 시대를 살아가는 우리 모두는 온라인에 남은 흔적에서 자유롭지 못하다.

우리 아이들도 자신들이 무심코 썼던 댓글이나 카톡의 글에 미래의 삶의 발목이 잡힐 경우가 생길 것이다. 사실 이는 이미 여러 곳에서 문제시되고 있다. 이제는 스마트카드나 CCTV, 자동차에 설치된 카메라 등에 의해 일거수일투족이 모두 기록되기 때문에 과거처럼 미해결 범죄는 없어질 것으로 보고 있다.

TV에서 심심치 않게 성공한 사람들이나 중요한 임무를 맡던 사람들이 회사의 기밀을 빼낸다든지 하여 공항에서 검거되는 것을 볼 수 있다. 업무 능력은 뛰어났으나 직업윤리가 제대로 되어 있지 않은 사람들이었던 것이다. 엄마들은 아이의 실력을 어떻게 하면 높일 수 있는가를 주로 고민한다. 그러나 실력을 쌓는 것도 중요하지만 어떻게 활용할 것인가가 앞으로는 훨씬 더 중요하다. 공유경제나 협업의 시대에는 나만을 위한 공부보다는 남들을 위한 공부가 빛을 발할 것이다. 사람을 중심으로 하는 공부나 사업이 더 환영받는 세상이니 어쩌면 미래는 도덕이 실력보다 더 큰 경쟁력이 되는 시대가 될 것이다.

프랑스의 경제학자 자크 아탈리는 21세기는 '창조적 이타주의자'들의 시대가 될 것으로 보았다. 이제 남을 생각하지 않는다면 살아남기 힘든 세상인 것이다. 땅콩 회항 사건이나 크림빵아빠 사건은 개인의 도덕성이 얼마나 중요한지를 단적으로 드러내고 있다. 이제는 지식의 양이 아니라 창조적 융합과 도덕성이 능력이 되는 사회가 될 것이다.

공리주의 철학자 제레미 벤담은 18세기에 판 옵티콘pan opticon이라는 원형감옥을 고안하고, 망루에서 간수가 원형감옥의 죄수를 바라보면서 통제하는 시스템을 마련하였다. 라틴어로 판은 '범, 모든, 전체'라는 뜻이고 옵티콘은 '바라봄'이다. 따라서 판 옵티콘은 한눈에 모든 것이 다 보이는 구조물을 의미한다.

프랑스의 철학자이자 사회이론가인 미쉘 푸코도 〈감시와 처벌〉이라는 책에서 근대 이후 규율 권력의 원형이 판 옵티콘에 있다고 말하고 있다. 판 옵티콘의 특징은 시선의 비대칭성으로 통제받는 주체를 철저히 대상화하는 것이다. 즉 정보의 대상일 뿐 소통 대상의 주체는 아니다. 또 하나는 피감시자를 조건화할 수 있다는 점이다. 즉 피감시자는 망루 안을 볼 수 없으면 감시자가 없어도 늘 있다고 믿게 마련이어서 행동을 스스로 제약하게 된다. 또 하나는 자동성이다. 이런 장치를 한 번 만들어놓으면 누가 작동하든지 자동으로 움직인다는 특징이 있다.

보는 자가 권력을 가진다는 의미다. 누군가 선글라스를 꼈을 때 위협적이고 권력이 있는 것처럼 보이는 것도 선글라스를 낀 사람은 상대를 볼 수 있지만 보이는 사람은 선글라스를 낀 사람의 눈을 볼 수 없기 때문에 그렇게 느끼는 것이다. 과거에는 권력을 쥔 사람만이 볼 수 있는 특권을 누렸다. 그래서 종교시대에는 교회가 산 위에 세워졌던 것이고, 왕이나 귀족의 성도 산 위에 존재하는 이유다.

그러나 시대가 지난 지금 우리 모두에게는 세상을 들여다볼 수 있는 스마트폰이 손에 쥐어져 권력이 대중에게 이동된 디지털 권력의 시대에 살고 있다. 그래서 땅콩 회항 사건 같은 것도 대중이 분노하고 여론몰이를 할 수 있게 된 근거이다.

마치 영화 〈트루먼 쇼〉의 내용이 현실에서 펼쳐지고 있는 것과 같다. 판 옵티콘에 갇혀 있으면서도 그 사실을 모르는 영화의 주인공처럼, 마치 우리의 삶도 거대한 정보의 판 옵티콘 속에서 통제당하고 있는 것은 아닐까?

우리는 인터넷이라는 거미줄 같은 감시망에 살고 있다. 어디든지 나를 감시하는 눈이 있으며 이는 마치 조지 오웰의 〈1984〉에서 볼 수 있는 빅브라더의 감시 하에 자발적으로 살고 있다고 보면 된다.

1990년대 브레인 연구의 시대가 개막되면서 두뇌지문이라는 과학이 뜨고 있다. 테러리스트를 선별하기 위해 만들어진 것으로 범죄형과 선한 사람을 구별하여 예방하려는 움직임이다. 또한 비디오 문신이라는 신경조직을 칩에 연결하여 감정을 이메일로 나눌 수 있는 기술인 비디오 지문도 연구 중이어서 인간의 두뇌나 감정이 도덕적이지 않으면 살아갈 수 없는 세상이 되고 있다.

앞으로 우리 아이들이 살아갈 세상은 그야말로 '도덕이 경쟁력'인 시대가 펼쳐질 것이다. 엄마들은 도덕적인 아이로 키워야 아이들의 실력이 올바르게 빛을 발하게 될 것이다. 그렇지 않으면 어렵게 쌓인 노력들이 하루아침에 한 방에 훅 갈 수도 있는, 거대한 감시와 통제 시대에 살고 있기 때문이다.

엄마의 학교

3

# 미래의 교육은
# 어떻게
# 변화하는가

# 세계의 대학이 하나가 된다

▶▶▶

인류의 산재된 문제를 해결해줄 창의인재 육성이 전 인류의 과제로 떠오르며 세계 교육의 방향이 변화되고 있다. 변화의 핵심은 '고등교육(대학교육)의 개방과 협력'이다. 전 세계의 교육자들은 초중등교육은 자국이 담당하고, 고등교육은 개방하여 문제를 해결하고자 협력체제에 들어갔다. 이를 위해 미국은 클린턴 행정부 시절부터 인터넷2를 비롯한 교육인프라 구축에 들어갔다. 현재 인터넷2에서는 208개 대학과 마이크로소프트를 비롯한 70개 대기업이 컨소시엄을 이루어 글로벌 대학 인프라를 구축한 상태다.

세계 일류 대학들도 자신들의 교육을 전 세계에 개방하고 있으며, 특히 MIT 공대를 필두로 100여 개 대학과 컨소시엄을 형성하여 무료

통합 강좌인 오픈 코스 웨어OCW: Open Course Ware를 실시하고 있다. 오픈 코스 웨어는 대학에서 실시되고 있는 강의를 무료로 인터넷에 올리는 것을 말한다.

유네스코의 가상현실 통합대학에도 100여 개 대학이 참여하고 있으며, 세컨드라이프닷컴은 하버드나 프린스턴 대학의 학점이수 강좌를 개설하였다. 위키피디아의 사이버 대학인 위키버시티Wikiversity도 무료 포털 강좌를 오픈하여 사이버 대학을 통해 전 세계인들에게 교육의 길을 넓혀주고 있다. 한국에서도 서울대학교를 비롯한 몇몇 대학에서 오픈 코스 웨어를 실시하고 있는 중이다.

이처럼 2012년 사이버 대학의 보편화로 국내 진학 대신 세계 통합 사이버대로 진학이 현실화되고 있다. 앞으로 사이버 대학이 보편화되어 몇 개의 세계통합 대학이 뜨면 유명 대학의 몇몇 교수들만 살아남고 많은 교수들은 논문 지도 교수 내지는 학생 지도 교수로 남게 될 것이다.

이처럼 온라인상의 변화 이외에도 오프라인에서도 세계 대학들이 대륙별로 연합하고 있다. 2010년 지구촌 통합대학을 목표로 내세운 볼로냐 프로세스로 인해 45개 국가 6천 개 대학 3200만 명의 유럽 대학생들의 EU 교육통합이 이루어졌다. 이를 모델로 아시아에서도 통합대학이 실시되고 있다.

이와 같은 추세가 계속되면 결국 대부분의 사이버교육이 무료로 이루어지는 것은 물론이고, 대학 자체의 통합이 진행될 수밖에 없을 것이다. 나아가 어떤 분야에서 능력이 뛰어난 한 명의 교수가 단독으로 전 세계 학생들을 가르치게 될 수도 있다.

1970년대에 개교한 피닉스대학교는 건물 없는 사이버 대학으로 현재 학생이 20만 명, 교수가 1만 7천 명인 세계 최대 유료 사이버 대학이다. 하와이대학의 미래전략센터 짐 데이토 소장은 '우량한 교육이 없는 대학'과 '대학이 없는 우량한 교육'이라는 표현을 통해 첨단기술 발전과 사회변화에 따라 학교라는 시스템 없이 이루어지는 미래의 교육에 대해 역설하기도 했다.

강의실과 도서관이 없는 미네르바대학은 온라인 교육의 단점을 극복하기 위해 전 세계 몇몇 도시(한국에도 한양대학교에서 실시)에 기숙사를 마련하여 학생들에게 토론의 장을 마련하는 신개념 대학으로 최근 인기를 끌고 있다. 해외 유학 비용이 부담스러운 학생이나 부모들은 눈여겨볼 만하다.

지식이 자본이 되는 사회에서 이들은 왜 무료로 자신들의 지식을 전 세계인들을 향해 공개하는 것인지 생각해보아야 한다. 이는 자국민만으로는 자국의 문제를 풀 수 없기 때문에 세계의 누구든 자국의 문제를 해결할 사람이 나타나면 인재로 기용할 것이라는 의미가 내포되어 있는 것이다.

지금 세계는 힘을 합해 지식을 공유하며 그 지식을 통해 인류를 구원할 결과물을 간절히 바라고 있다. 이렇게 세계 일류의 강의들이 인터넷을 통해 개방되고 세계의 대학들이 통합되고 있는 시점에서 한국에서 소위 말하는 일류대학에 들어가는 의미를 다시 한 번 생각해보아야 한다.

# 학위는 더 이상
# 확실한 보증수표가 아니다

▶ ▶ ▶

현존 고등교육 시스템은 1세기 전에 설계된 것으로 표준화된 커리큘럼에서의 수행력을 중심으로 학생들을 등급으로 분류하려는 것이 목적이다. 휴스턴에서 대학 입학상담사로 일하고 있는 주디 뮤어는 고등학생들의 대학 진학과 성공적인 대학 생활을 돕는 일에 평생을 몸담아온 베테랑이다. 그녀가 〈평균의 종말〉을 쓴 토드 로즈에게 털어놓은 하소연을 들어보자.

"교육 과정이 학생들의 개개인성을 완전히 무시하도록 짜여 있어요. 온통 평균과 선별 타령을 하면서 십대들이 입학사정관의 눈에 들기 위한 허울이나 쫓으며 자신의 정체성을 승화하도록 유도하고 있어요. 이게 교육 시스템이라는 것이 할 짓입니까? 모든 학생을 평균에 비교하는 일방적 시스템이 제대로 된 교육 시스템일까요? 아이들은 합격을 의식해 논술을 꾸며 쓰려 하고 별 신념도 없이 기계적으로 인턴십 프로그램에 참가합니다. 해외에서 실시되는 SAT에서는 부정행위까지 저지릅니다.

제가 가장 자주 듣는 질문이 뭔지 아세요? 이 대학이나 저 대학에 입학하려면 사회봉사 활동을 몇 시간 해야 하느냐는 질문입니다. 그럴 때마다 저는 이렇게 말해주죠. 성공한 인생으로 가는 유일한 길은 학생 자신의 독자적인 개개인성을 이해하고 발현시키는 것이라고요. 그런데 너무도 많은 학부모들과 학생들이 각자의 개개인성을 발현시키는 것이 아니라 감추는데 급급합니다."

하버드 대학교에서 입학 및 학자금 지원 책임자로 있는 빌 피츠시몬스도 토드 로즈에게 같은 견해를 나타냈다.

"대학 입학은 대체로 평균의 게임입니다. 사람들은 집을 담보로 대출까지 받으며 그 평균의 게임을 펼치고 있습니다. 다른 모든 사람들과 똑같아지기 위해 자신의 독자성을 버리고 있습니다. 다른 사람들 모두가 되려고 기를 쓰는 목표에서 조금 더 뛰어날 수 있기를 희망하면서요. 하지만 평균을 놓고 겨루면 평균적으로 성공하기가 힘듭니다."

단 한 번의 평가로 입시가 결정되고, 직업의 방향이 결정되는 한국의 상황과 마찬가지로 미국도 획일적인 교육과 평가의 틀에 사로잡혀 있는 듯하다. 더 이상 확실한 보증수표도 아닌 학위를 취득하려고 하는 것이다.

얼마 전 미국 언론에 '대학 졸업장이 종이 한 장의 가치로 전락하고 있다'는 기사가 나왔다. 현재 평균주의 고등교육 시스템이 주는 보장은 점점 낮아지는 반면 고등교육 시스템이 부과하는 비용은 점점 높아지고 있다.

또 한 기사에서는 '현재 미국에서 대학생이 졸업하면 학자금 융자로 억대의 빚을 지고 졸업해서 미래가 어둡다'고 하였다. 대출을 받아 공부한 학생들이 졸업과 함께 억대의 빚을 지고 사회에 진출하고 있어 학생들의 미래를 암울하게 한다는 기사였다. 베넷은 "졸업장이 안정된 일자리를 보장해주지 못하는 시대에 그렇게 많은 비용을 투자할 가치가 대학에 있는가?"라고 묻는다.

한국도 예외는 아니다. 2014년 취업포털 '사람인'이 실시한 조사에 의하면 대졸자 중 75%가 학자금 대출로 빚에 허덕이고 있으며, 졸업 시 평균 빚은 1,400만 원을 웃돈다고 한다. 내 꿈을 위해 일을 찾는 것이 아니라 빚을 갚기 위해 나 자신을 회사가 원하는 사람으로 개조해야 한다는 데 문제가 있다. 등록금 대출을 받고 취업이 늦어진 탓에 빚을 못 갚아 신용불량자로 전락하는 청년실신(실업자+신용불량자)이 늘고 있어 정부에서는 취업 후 갚는 제도를 만들 정도다.

토드 로즈는 "시스템보다 개개인을 중시해 개개인 학생이 최우선이 되도록 고등교육의 기본 구조를 바꾸려는 노력이 필요하지만 실제로는 실행이 어렵다. 그러나 이미 전 세계의 여러 대학들에서 아주 성공적 사례가 만들어지고 있다"고 말한다. 그는 기존 시스템의 평균주의 구조에서 학생 개개인을 중요시하는 시스템으로 탈바꿈하기 위해서는 3가지 개념을 채택해야 함을 주장한다.

1. 학위가 아닌 자격증 수여
2. 성적 대신 실력의 평가
3. 학생들에게 교육 진로의 결정권 허용하기

학위를 따려면 전공 이외의 과목도 이수해야 하고 비용이 너무 많이 든다.(대부분 교양과목으로 인문학을 배우게 되는데 혹자는 인문학이란 정말 나이가 들어서 배워야 한다는 주장을 하기도 한다. 최근에는 인문학을 인터넷 강의로 대체해 1년간 학비를 절약하는 방안도 나오고 있다) 더욱이 실용 지식의 변화 속도가 빨라지고 있어 공대의 경우 심지어 졸업도 하기 전 3년마다 바뀌는 상황이다. 1학년에 배운 지식이 4학년에 가서는 쓸모없어지는 경우까지 발생해, 학위를 대체할 대안은 자격증이라는 주장이 거론되기까지 한다. 자격증은 세분된 학습 단위별 자격을 부여하는 것이므로 자격증 수여는 학생의 기량, 능력, 지식에 대해 보다 유연하고 세분화된 증명이 될 수 있기 때문에 자격증 제도를 활용하면 4년 동안 과도한 수업료를 내지 않아도 되고 기량 중심의 교육을 받을 수 있다는 것이다.

무크MOOC는 'Massive Open Online Course'의 약자로 무료로

세계 유수의 대학 강의(MIT, 하버드, 스탠퍼드 등)를 온라인으로 서비스하는 사이트를 말한다. 무크는 2012년부터 주목받기 시작해 2015년 기준 550개 대학의 4,500개 프로그램을 제공하고 있으며 등록자 수는 3천 5백만 명에 이른다.

대표적인 기관으로는 스탠퍼드대학 중심의 '코세라Coursera', MIT와 하버드대학 중심의 '에덱스Edex', 구글에서 출발한 '유다시티Udacity'가 있다. 유럽에는 '퓨처런Futurelearn'과 '에꼴42' 등의 무크 서비스가 있다.

이처럼 무크로 불리는 온라인 공개강좌는 대학에서 제공하는 온라인 강좌지만 대학으로부터 입학 허가를 받지 않아도 강좌에 등록할 수 있다. 무크가 무료나 낮은 비용의 강좌라는 장점도 있지만 더 큰 장점은 수료하면 자격증을 제공하기 시작했다는 것이다.

세계에서 처음으로 오픈 온라인 코스(OCW)를 실시한 MIT에서는 이미 자격증 수여 프로그램을 제공하고 있다. 버지니아 주에서는 IT, 사이버 보안, 첨단 제조, 에너지, 의료 등 몇몇 분야에서 자격증을 수여하는 대규모 정부 후원 프로그램이 마련되어 있으며 사람들에게 경력 기회도 제공하고 있다.

무크는 개인화된 자격증 수여제가 본격적으로 전개되면 어떻게 될지를 잘 보여주고 있다. 표준화된 학위의 취득에 필요한 출석 시간을 얻기 위해 4년간 과도한 수업료를 내는 대학에 가는 대신, 자신이 택한 경력을 쌓기 위해 자신의 조건에 맞춰 자신이 원하는 비용으로 필요한 만큼의 자격증을 취득하면 된다. 현재 무크를 수료한 것만으로도 취업이 가능해지고 페이스북 등의 미국 주요 기업이 무크 수료증을 받은 학생을 뽑기 시작했다.

국내에서도 정부 또는 개별 대학 중심의 무크 사이트를 오픈했다. 국가평생교육진흥원이 주도하는 '케이 무크K-Mooc', 서울대학교가 운영하는 '스누운SNUON'이 대표적이다.

이처럼 학위 취득이 성공에 대한 영향력이 줄어드는 이유는 첫째, 누구나 장소에 구애받지 않고 유수의 대학 지식을 얻을 수 있다는 점, 둘째는 누구나 아이디어만 있으면 원하는 서비스나 제품을 만들어 창업할 수 있다는 점이다. 제품을 만들기 위해 기업에 들어갈 필요도 없고 공장을 설립하지 않아도 3D 프린터로 제품 생산이 가능하게 되었다.

MIT의 교수 앤드류 맥아피 교수는 "기술이 잘 못하는 분야를 교육시켜야 해요. 창의적인 활동이나 흥미로운 질문을 할 수 있도록. 기술은 절대 할 수 없는 것들이죠. 사람만이 할 수 있어요. 하지만 지금 교육은 반대로 가고 있어요. 창의적인 사람을 없애고 순종적인 사람들을 길러내고 있죠. 그런 사람은 갈 곳이 없을 거예요. 이제 미래를 위해 아이들은 어떤 학교를 가야 하는가가 아니라, 자신만의 핵심역량을 기르기 위해 어디서 어떤 공부를 할 것인가가 더 중요해졌어요." 그의 말을 이제는 진지하게 받아들일 필요가 있다.

# 고급 정보,
# 더 이상 대학이 가지고 있지 않다

▶ ▶ ▶

스마트 맘은 '그 시대의 고급 정보에 아이를 접속시키는 엄마'라고 정의했다. 그리고 각 시대의 고급 정보를 보유하는 곳도 달랐다고 말했다.

농경사회에는 농사 경험이 많은 남자 연장자가 고급 정보의 근원이었고, 종교시대에는 교회가 가장 고급 정보를 갖고 있었다. 산업사회가 되자 고급 정보는 대학이 갖게 되어 이 시대의 스마트 맘들은 그들의 교육열을 입시 위주의 교육에 쏟아부은 것이다.

그러나 지금 지식창조사회에도 대학이 과연 고급 정보를 갖고 있을까? 나는 아니라고 생각한다. 만약 대학이 갖고 있다고 주장하고 싶다면 이런 대답을 해주고 싶다. 대학이라기보다 대학교수 즉 개인들이 갖고 있다고 말하는 편이 더 정확하다. 요즘은 산학연계가 잘 되어 교수들이 기업과 프로젝트 업무를 많이 한다. 교수가 이를 위해 연구하는 부분들은 강의를 수동적으로 듣는 학부생들이 아니라 교수의 연구실에서 교수를 보조하며 함께 연구하는 소수 학생들의 몫이다.

연구실에 들어가지 않고, 공모전에 참가하지도 않으며, 수업만 듣고, 도서관에서 자격증 시험이나 공무원 시험을 준비하는 학생들은 과거의 학문만 배우고 나오게 된다. 이 경우 대학이 고급 정보를 보유한 곳이라는 말은 무색해진다. 오히려 이 시대의 가장 핫한 정보는 기업이 갖고 있다. 기업이야말로 시대의 흐름을 가장 먼저 체감하기 때문이다. 사실 기업도 기업에서 연구하는 연구원에게 고급 정보가 있다고 하는 편이 옳다. 그렇다면 이 시대의 가장 고급 정보를 가진 것은 바로 '사람 개개인'이다. 자신의 관심 분야를 집요하게 추구하며 자신만이 갖고 있는 핵심지식을 갖게 된 바로 그 사람이 고급 정보처인 것이다.

그래서 최근 트위터나 페이스북 같은 소셜 네트워크가 뜨는 이유가 세계 곳곳에 흩어져 있는 고급 정보를 가진 사람들과 연결될 수 있는 매우 유용한 도구이기 때문이다. 미국에서는 페이스북을 통한 구인 구직이 30퍼센트 이상 된다고 한다. 우리나라 대기업 사장들이 SNS를 하는 이유도 내 기업에 필요한 고급 정보원을 탐색하기 위함이다.

그렇다면 SNS를 어떻게 활용해야 하는가. SNS는 내가 하고 있는 업을 알리고 나만의 콘텐츠가 무엇인지를 선보일 수 있는 장이어야 한다. 젊은이들은 물론이고 최근에는 중년에 이르기까지 개인의 SNS를 더욱 적극적으로 즐기며 하는 모습을 보게 된다. 물론 페이스북을 비롯한 소셜 네트워크에 피로감을 가지는 이들도 적지는 않다. 하지만 나를 홍보하고 나의 콘텐츠를 확보하는 데 있어 SNS가 하는 역할은 무척이나 크다. 잘 활용하고 잘 받아들인다면 이만한 개인의 커뮤니케이션 채널은 앞으로도 없지 않을까.

산업사회처럼 고급 정보가 대학에 있을 때는 노력해서 대학에만 들어가면 됐으므로 어느 정도 쉽기도 하고 낭만적인 시절이었던 것 같다. 그러나 지식창조사회는 세계에 흩어져 있는 사람들이 고급 정보를 갖고 있으므로 이들과 어떻게 접속을 할 것이냐가 관건이다. 어쩌면 고급 정보에 접속하기 위해 고급 정보원인 사람과 연결되는 것이 더 중요한 세상에 살고 있다. 그럴 때 SNS나 대학이 필요한 것이며 어쩌면 미네르바 대학이 인기를 끌고 있는 것도 이런 이유가 아닌가 한다.

나는 아이들에게 진로교육을 할 때 가장 중요하게 생각하는 것이 "너희가 하는 업을 세상에 알려라"이다. 업을 알리려면 우선 자신의 업을 이루는 콘텐츠가 있어야 한다. 이것을 SNS든 블로그나 유튜브에 알리고 사람들이 찾아올 수 있도록 콘텐츠의 질을 올려갈 때 고급 정보를 가진 사람이 되는 것이다.

이제 더 이상 고급 정보는 대학의 전유물이 아니다. 보물찾기를 하듯 나에게 가장 필요한 고급 정보는 누가 가지고 있으며, 그들과 나를 어떻게 연결할 것인지 고민해야 한다. 그 방법 중 하나가 고급 정보를 가진 누군가가 나를 필요로 하게 만들 고급 정보 수준의 콘텐츠가 있어야 가능하다. 고급 정보를 가진 사람은 나의 성적을 보는 것이 아니라 나의 실력, 즉 콘텐츠를 보기 때문이다.

# 세계는 지금
# 창업교육 열풍!

▶ ▶ ▶

세계적인 경영 컨설턴트 톰 피터스는 〈톰 피터스의 미래를 경영하라〉에서 '앞으로 15년 내에 화이트 컬러 직종 중 80퍼센트가 완전히 사라질 것'이라고 했고, 미래학자 토머스 프레이는 '2030년까지 지구의 80억 명 중 절반은 일자리를 잃을 것이고, 20억 개의 일자리가 사라질 것'이라는 예측을 내놓았다. 대학의 절반이 사라질 것이고, 〈포천〉 글로벌 500대 기업 중 절반이 문을 닫을 것이며, 2020년 일자리의 40퍼센트는 프리랜서가 채울 것이라고 했다.

20세기가 대학과 대학원 과정이 직업을 얻는 확실한 길이었다면 21세기는 사업가로서의 길, 창업가 정신을 고취하는 사회적 경로가 일자리를 창출하는 해법으로 인정되고 있다. 이젠 대학을 졸업해 평범한 직장인이 되는 시대는 끝났다. 1인 창업과 1인 기업, 1인 제국의 시대가 오며, 실력과 주도성과 열정을 갖춘 1인 창업은 더 많은 기회를 가질 것이다. 따라서 부모는 아이들의 실험 정신과 기업가 정신을 키워주어야 한다.

세계 미래학회는 앞으로 공장형 모델인 공립학교가 없어지고, 2030년에는 지식을 전달하는 교사마저 사라질 것이라고 발표했다. 대학은 20년에서 50년 뒤에는 몇 개의 상징적인 곳만 남고 소멸할 것이라고 한다. 2025년 미국은 대기업 주도의 경제는 막을 내리고 스타트업을 하는 1인 근로자인 프리랜서가 34퍼센트가 될 것이라고 전망한다. 따라서 지금 학생들이 대기업 취직이나 전문직에 종사하는 것을 목표로 하는 것은 매우 위험한 발상이라고 한다. 이런 상황에서 과연 대학이 학생들에게 미래를 제대로 준비시킬 수 있을까?

이처럼 급변하는 상황에서 세계는 창업교육과 창업열풍이 일고 있다. 〈뉴욕타임스〉는 10대 학생들 사이에 창업 붐이 일고 있으며 수업을 빠지거나 아예 학업을 포기하고 창업에 매진하는 사례가 속출하고 있다고 보도했다. IT 부분에 창업으로 부를 일군 빌 게이츠나 잡스 등 1세대는 20대 초반에 창업하였다면, 최근에는 SNS 스냅챗의 창업자 에반 스피겔이 10대 창업을 통해 세계 최연소 억만장자가 되었다. 심지어 초등학교 1학년도 제2의 빌 게이츠, 스티브 잡스를 꿈꾸며 창업 준비를 한다고 한다.

이런 추세를 뒷받침해주기 위해 어린 나이에 창업할 수 있도록 기업가 육성을 목표로 하는 혁신학교 설립이 일어나고 있다. LA에 위치한 인큐베이터 스쿨은 LA 통합교육구에서 시도하는 파일럿 스쿨(소규모로 운영되는 실험학교)로 2013년 개교해 11~13세 학생들에게 기업가가 되는 길을 가르치고 있다. 졸업 전까지 창업하는 것이 목표이고 수업시간에 사업 아이디어를 발표하고 친구들과 토론을 통해 창업에 한 걸음씩 다가가고 있다.

이 학교의 설립자는 제2, 제3의 구글 창업자와 스티브 잡스를 배출하기 위해 기존의 교육을 탈피한 새로운 교육법을 만들게 되었다고 밝혔다. 이 학교의 철학은 '세계를 바라보며 풀어야 할 문제를 발견하고, 더 나은 세상을 위해 이 문제를 해결할 방법이 무엇인지 질문하는 인재를 만드는 것'이라고 한다. 질문하는 사람만이 변화와 혁신을 가져올 수 있기 때문이다.

영국의 캐머런 총리는 '창업 마인드를 심어주는 학교 교육'을 강화하고 있다. 영국의 대표적인 창업 교육 프로그램 '테너 타이쿤'에서는 12~19세의 청소년뿐 아니라 5~11세의 어린이들도 참가해 자신이 개발한 사업 아이템을 놓고 경연을 벌인다. 독일은 아이디어만 있다면 17세부터 2년간 2,000~5,000만 원의 지원금을 지급하며 창업을 독려하고 있으며, 캐나다의 기업은 채용시 창업을 경험한 인재를 먼저 선발한다.

후츠파(chutzpah, 이스라엘의 독특한 정신문화로서, 권위자에게 자기 생각을 과감하게 표현하며 권위자 또한 위치에 안주하지 않는 용기) 정신으로 무장한 이스라엘은 창업 국가라 불릴 정도로 인구 1인당 스타트업 숫자가 세계에서 가장 많다. 정부의 적극적인 지원을 바탕으로 창업 생태계가 활발하다. 텔아비브에서 돌을 던지면 90퍼센트는 창업자가 맞는다는 농담이 있을 정도다.

이처럼 어린아이들이 창업할 수 있는 것은 대학에서나 배울 수 있는 고급 정보들이 오픈소스되었기 때문이다. 학교를 중퇴한 아이들은 자신이 좋아하고 필요한 공부를 오픈소스된 정보들을 통해 시간을 자유롭게 활용하며 실력을 쌓아가고 있다. 이는 공교육 시스템에 있었다면 결코 이룰 수 없는 상황이다. 이제 우리도 이런 세계적인 추세를 인식하고 과거와 다른 교육을 아이들에게 허용하며 미래를 준비시켜야 할 것이다.

# 앞서 가는 아이들의 미래교육법

▶ ▶ ▶

팔머 럭키(Palmer Freeman Luckey, 오큘러스 VR의 창립자)가 "학교는 언제든 돌아갈 수 있지만 기회는 자주 오지 않는다"라고 말했듯이, 창업 준비를 위해 학교를 중퇴하고 자기에게 필요한 공부를 하는 아이들이 늘고 있다. 정선주 작가의 〈학력파괴자〉에 나오는 많은 중퇴자들을 보면 확실히 시대의 판도가 바뀌고 있음을 알 수 있다.

디지털 네이티브인 아이들은 콘텐츠의 선택과 삭제를 주도적으로 했던 아이들이므로 한 교실에서 교과서란 동일한 콘텐츠로 같은 시간에 모여 공부하는 공교육에 답답함을 느끼는 듯하다. 따라서 자신의 미래를 위해 공교육과 자신이 좋아하는 콘텐츠를 확보할 수 있는 별도의 교육을 병행하거나, 아예 공교육을 벗어나 각자의 미래를 준비하고 있다. 이들이 공교육과 병행하든 떠나든 상관없이 이들이 하는 별도의 교육을 여섯 가지로 나누어볼 수 있다.

## OCW, MOOC, 유튜브 등 인터넷 활용 교육

2013년 세계경제포럼에서 열두 살의 파키스탄 소녀 카디자 니아지는 무크 사이트인 유다시티에서 인공지능과 물리학 강좌 100개를 수강한 뒤 최고점수로 물리학 코스를 마쳤다. 인도 소년 아몰 바베는 하버드와 MIT가 공동 설립한 에덱스의 회로이론과 전자공학 코스를 우수한 성적으로 마치고 교수의 추천으로 17살에 MIT에 입학하였다.

이 아이들 이외에도 세계의 수많은 아이들이 자신의 미래를 위해 무크 등을 통해 공부하고 있다. MIT에서 공부를 잘하는 학생들과 OCW의 강의를 무료로 듣는 학생들의 성적을 비교해보니 오히려 MIT 학생들의 성적이 낮게 나와 충격을 주었는데 이는 전세계에 배움에 목말라하며 미래를 만들어가는 열정적인 학생이 많다는 것을 반증해주고 있다. 이들에게 이제 무크는 또 하나의 학교로 자리 잡아가고 있다.

## Maker Center

미래학자 토머스 프레이는 '지금 우선 순위는 메이커 무브먼트에 있음'을 강조했다. 샌프란시스코의 닉 파커는 중학생이던 2011년 3D 프린터가 1000만 원이나 되는 고가였던 시절 인터넷의 도움으로 자신이 만든 3D프린터로 무인비행기 드론을 제작하는데 성공했다. 그는 제작과정에서 부딪혔던 문제점을 인터넷에서 사람들과 공유하며 해결했기 때문에 가능했다고 한다.

3D프린터가 없다면 메이커 센터를 찾으면 된다. 이는 누구든지 무엇이든 만들 수 있는 창작 공동체 공간이다. 토머스 프레이는 앞으로 인간의 본성인 메이커가 되려는 사람들이 모여드는 메이커 센터가 학교를 대체하게 될 것이라 예측하고 있다.

대표적인 예로 팹랩Fab Lab도 한국에 운영되고 있다. 이곳은 자본이 부족한 1인 기업가들이 아이디어를 구현할 수 있도록 3D프린터 등 고가의 장비와 작업공간을 제공하고 있을 뿐 아니라 멘토들의 조언을 들을 수 있다. 여기서 멘토란 아이가 하고자 하는 분야에 이미 전문성을 가진 사람들이고 팹랩이 또 다른 학교라면 이들은 선생님의 역할을 충분히 하고 있는 것이다. 이미 일본, 영국, 독일에서는 카페처럼 운영되는 3D프린팅 카페가 인기를 얻고 있다.

## Home schooling

철학자 짐 론은 "정규교육이 생계를 유지하게 해준다면 독학은 당신을 부자로 만들어줄 것이다"라고 말했다. 독학이든 홈스쿨링이든 목적의식이 뚜렷하고 시간 활용만 잘한다면 자신에게 꼭 필요한 교육을 더욱 효율적으로 할 수 있다.

잡스의 가족은 호기심덩어리인 잡스가 5세 때 실리콘밸리라고 불리게 될 지역의 중심에 위치한 마운틴 뷰로 이사한다. 아버지는 집 차고에 아들이 공구를 갖고 놀 작업대를 따로 마련해주었고 물건을 만들고 분해했다가 다시 조립하는 법을 가르쳤다. 잡스의 이웃에는 엔지니어들이 넘쳐났고 그들 덕에 전자공학에 흥미를 키우고 많은 질문을 하며 성장할 수 있었다. 그 과정에서 잡스는 가장 중요한 것은 학교에서 가르쳐주지 않으며 그 대신 전문가들로부터 충분히 배울 수 있다는 것을 깨달았다.

성공하는 사람들은 자신 분야의 핵심에 있는 대학에 입학하거나 훌륭한 멘토들이 있는 곳으로 이사함으로써 영향을 받는 특징이 있다. 늘 곁에 있는 부모들이 가장 좋은 멘토라면 더할 나위 없는 축복일 것이다.

### 기획사

최근에 세계적인 인기를 모으는 K-POP 열풍에 힘입어 경연장이 많아지면서 연예계에 진출하려는 아이들에게 교육과 미래의 기회를 부여해주고 있다.

'만약 이 아이들이 공교육을 통해서라면 과연 저런 성장을 할 수 있었을까?' 하는 의문이 들 정도로 매주마다 괄목한 성장을 하는 아이들을 보며 이 아이들에게는 기획사가 훌륭한 학교라는 생각을 하게 된다.

연예계뿐 아니라 창업을 할 아이들이 아이디어를 선정하여 창업 비용을 지원하는 프로그램도 훌륭한 학교 역할을 하고 있다. 이런 경향은 외국에도 많아 각 분야에 경연을 통해 성장해나가는 아이들을 볼 수 있다.

## 현장 교육

7년 전에 김정인이라는 친구를 글로벌 인재포럼에서 만났다. 나는 직업이 직업인지라 글로벌 인재포럼을 매년 다녔는데 그 해에는 고3 이던 막내아들을 못 데리고 가 혼자 가게 되었다. 그곳에서 나비넥타이에 브로치를 달고 멋진 수트를 입은 한 청년이 눈에 띄었다. 마침 막내도 패션에 관심이 있던 터라 그 청년에게 다가가 옷이 잘 어울린다는 말과 함께 대화의 기회를 갖게 되었다. 이런 저런 대화를 하고 청년이 자신의 명함을 주며 자기소개를 하는데 고등학교 3학년이었다. 그 포럼이 11월 초에 열리고 수능은 항상 그 다음 주에 보기 때문에 "학생은 수능 안 보나요?"라고 물었더니 자신은 대학에 안 간다고 하며 청년기업인 협회 회장이며 창업을 할 계획이라고 하였다.

자신은 창원에 살며, 고등학교 내내 일주일에 한 번씩 서울에 올라와 동대문에서 장사도 하고 패션동향도 파악하고 내려간다고 했다. 그 학생의 말을 들으며 참 기특하다는 생각을 하였다. 대부분의 대한민국 학생들이 사교육을 하며 대학을 향해 달려가는데 그는 자신의 미래 계획을 가지고 꾸준히 실천하고 있었기 때문이었다.

나는 집에 와 같은 나이였던 막내에게 이런 친구를 만났다고 설명하며 명함을 주었다. 그 후 이 둘은 친구가 되었고 지금은 사업 파트너로 지내고 있다.

그를 고3 때부터 보아온 나는 지금 세계에서 진행되고 있는 미래 교육과 창업 열풍에 매우 부합되는 청년이라 본다. 많은 학생들이 대학을 나와도 취업이 안 되어 취준생으로 살아가고 있는 요즘, 고등학생 때부터 자신의 진로를 정하고 뚝심 있게 나아가고 있는 청년이 있다는 것이 정말 자랑스럽고 가까이서 성장하는 모습을 지켜보는 나도 너무 흐뭇하다.

미래는 대학만이 미래를 책임지는 것이 아니라 기업과 같은 현장도 교육기관이 되고 있음을 실감하고 있다.

## 별도의 교육

창의인재를 길러내기 위해서는 가정에서의 노력도 필요하지만 이처럼 공교육을 대체할 학교가 다양해져야 한다. 지금처럼 공장에서 물건을 찍어내듯 학교를 나오면 똑같은 아이들이 되는 것과는 달리 각자 재능에 근거해 맞춤식 교육을 제공해줄 수 있는 대안학교나 홈스쿨링, 각 분야의 특화된 영재교육이나 마이스터고가 활성화되어야 할 것이다.

만약 기존의 공장형 학교(factory model)에서 벗어나기 힘들다면 카이스트나 포스텍에서 운영 중인 영재기업인 교육원 같은 외부교육도 많아져야 할 것이다. '영재기업인 교육원'에 대해 알게 된 계기는 내가 매년 가는 글로벌 인재포럼을 통해서였다. 포럼을 매년 다니며 특이한 현상을 발견하게 되었는데, 초기에는 연사가 발표를 하고 질문을 하는 사람들은 대개 교수나 기업인 그리고 몇몇의 대학생 정도였다. 그러나 몇 년 전부터 특목고 학생이 발표를 하더니, 10년 전부터는 중학생이 유창한 영어로 질문을 하는 것이 매우 놀라웠다.

그 학생들을 눈여겨보고 있었는데 마침 내 옆에 앉아있던 분이 그

학생들 가운데 한 명의 엄마였다. 주최 측에서 제공하는 점심을 그 엄마와 함께 먹으며 아드님은 함께 안 먹느냐고 물었더니 엄마는 멋쩍게 웃으면서 엄마는 서서 점심(그 날 제공된 음식은 스탠딩 뷔페였다)을 먹는데 아들은 외국인 연사들과 스카이라운지에서 만찬에 초대되어 지금 먹고 있다는 것이다.

나는 호기심에 아직 중학생인데 이런 포럼을 어색하게 여기지 않느냐고 물었더니 아들은 중학생이지만 이런 포럼은 카이스트나 포스텍에서 수시로 열어주어 아주 익숙하다고 했다. 이야기인 즉 아들은 일반 중학교에 다니지만 영재기업인 교육원에 들어가 학기 중에는 카이스트나 포스텍에서 내주는 독서 숙제를 2주일에 한 번씩 제출하고 방학에는 그곳 기숙사에 기거하며 외국인 연사나 안철수 박사 같은 학자들의 강의를 계속해 듣는다는 것이다. 영재기업인 교육원은 미래의 기업가가 될 학생들에게 기업인 수업을 체계적으로 하는 곳이라고 한다. 대부분은 IT 계통의 아이들이 많이 신청하지만 연예기획사를 하려는 아이들도 응시를 한다고 한다.

그 해 글로벌 인재포럼에서 나는 이미 학생들 사이에 양극화가 진행되고 있음을 실감할 수 있었다. 대부분의 엄마들이 학교 성적에 매달려 사교육에 시간을 보내는 동안, 어떤 아이들은 자신이 세운 미래의 계획대로 차근차근 그들만의 콘텐츠를 형성해가고 있음을 알 수 있다. 앞서 가는 아이들의 눈빛이 한결같이 빛나고 있음을 나는 또한 확인할 수 있었다.

# 호모루덴스의 시대,
# 유튜버가 꿈인 아이들

▶ ▶ ▶

옥스퍼드대학교 마틴 스쿨의 칼 베네딕트 프레이 교수는 앞으로 20년 안에 미국 내 현존하는 직업의 47퍼센트가 위험에 처할 것이라 추정했다. 이 수치는 최근 맥킨지 앤드 컴퍼니의 조사로 확인되었다. 조사에 따르면 머신 러닝, 인공지능, 로봇공학, 3D프린팅 같은 기술이 기하급수적으로 발달하면서 오늘날 일자리의 절반이 자동화될 것으로 보고했다. 이를 '기술적 실업'이라고 한다. 이런 현상은 전통적인 직업 대부분에 영향을 줄 수 있으며 개발도상국에서는 그 영향이 더욱 심각할 것이다.

미래학자들은 2030년 현존하는 일자리 중 거의 절반이 사라진다고 내다보고 있다. 그렇게 된다면 어떻게 생계를 유지할까? 기술적 실업 현상에 대처하는 해법의 하나가 기본소득 보장이다. 전문가들에 따르면 기술적 실업이 사회에 엄청난 붕괴를 가져올 것으로 예측하지만 일부 미래학자들에 따르면 먼저 생활비의 획기적인 하락(3D프린터에 의해 의식주 가격의 하락)이 이뤄진다고 한다. 그 후 보편적 기본소득이 확대되면서 사회가 기술적 실업에 적응하는 시기를 거치게 된다고 한다. 즉 기본소득은 일자리가 사라진 시대에 생계를 유지하고 사회를 안정시키기 위한 필수조건이 되는 것이다. 이를 예측한 몇몇 국가들 핀란드를 비롯해 네덜란드, 캐나다, 프랑스 등에서는 이미 기본소득제도를 실험하고 있다. 핀란드는 2017년 1월 1일부터 기본소득을 지급했다. 모든 국민에게 70만 원을 조건 없이 주는 정책을 실시하며 긍정적인 평가를 받은 바 있다.

기본소득제도는 부의 집중 현상, 기술적 실업의 무서운 전망을 감안할 때 사회와 경제의 붕괴를 막기 위해서는 기본소득제도가 필수적이며 앞으로 오게 될 '호모루덴스의 시대'에 그야말로 필요한 제도라 할 수 있다.


최근 유튜버가 장래 희망 직업이라고 말하는 아이들이 많아졌다. 강남에서는 SW 교육에서 유튜버 교육으로 인기가 옮겨갔다고 한다. 그 이유는 아이들이 미래를 살아갈 이들이고, 사람은 누구나 자신이 살아갈 세상을 호흡하기 때문이다. 부모들은 그것이 직업으로서의 가치가 있을지 걱정하고 못미더워하지만, 아이들이 희망하는 미래의 직업관에 관심을 가져봐야 할 것이다.

학자들은 머지않은 미래에 '호모루덴스의 시대'가 온다고 한다. 호모루덴스는 '놀이하는 인간'이다. 나는 개인적으로 교육학과 대학원을 다닐 때 한 학기 내내 호모루덴스를 배운 적이 있다. 그때 가르치시던 교수님이 강의 중에 말씀하신 것이 아직도 귀에 맴돈다. "나는 호모루덴스란 책을 죽기 전에 완전히 이해하고 갔으면 좋겠다"라고 하셨다. 매주 리포트를 쓰면서도 그 공부가 참 어려웠던 기억이 있다. 그러나 한 학기 내내 호모루덴스만 공부했던 경험은 유튜브가 세상의 지배력을 점점 확대해나가는 것을 보면서 정말 호모루덴스의 시대가 오고 있다는 것을 절감한다.

이제 경제는 축소경제로 돌아섰고 대한민국도 일본처럼 잃어버린 20년의 초입에 진입했다. 어쩌면 20년이 아니라 30년, 40년이 될 것이라 주장하는 사람도 있다. 앞으로 기업은 무너질 것이고, 대량실업은 분명한 현실이 될 것이다. 이런 상황에서 기본 소득을 받게 되는 우리들은 무엇을 하며 지내게 될까? 그 답은 호모루덴스의 '놀이하는 인간'에서 찾아볼 수 있다.

이미 세계는 문화산업시대로 접어들었다. 문화콘텐츠가 돈이 되는 시대라는 것이다. 나는 미래학의 눈으로 현실을 바라보면서 눈에 띄는 것들 있는데 골목골목마다 공방들이 늘어나고 있다는 것이다. 그걸 보면서 정말 호모루덴스의 시대가 오고 있다는 것을 실감한다. 단돈 1만 원에 배울 수 있는 지역의 학습공동체나 놀이공동체가 늘어나는 것도 마찬가지 현상이다.

인기 유튜버 보겸은 자신의 콘텐츠로 구독자와 조회수에 있어 최고를 달리고 있다. 최근에는 그가 쓰는 피아톤 보겸 콜라보 블루투스 이어폰을 출시했다는 영상을 올렸다. 이건 무엇을 의미할까? 이제 유튜브가 콘텐츠를 선보이는 장을 넘어 사업을 할 수 있는 시장도 될 수 있음을 보여주는 것이다. 과거 카페나 블로그에서 물건을 팔던 것이 이제는 유튜브로 넘어오고 있는 현상인 것이다. 그러니 아이들이 유튜브에 매료되는 것은 자신들이 살아갈 세상의 놀이와 사업의 플랫폼이 유튜브에 있다는 것을 무의식적으로 느끼고 있기 때문이다.

최근 유튜브에 대한 사람들의 관심이 커졌다. 구글이 유튜브를 거금을 주고 인수한 것이 사실을 증명한다. 내가 보기에도 유튜브는 더 대중화되고 활성화되며, 사람들의 놀이터로 자리 잡을 것이다. 사람들에게 유튜브는 철학을 논하고 정치를 논하는 아고라가 되었고, 자신의 재능을 펼치는 멍석이 되고 있다. 유튜브의 장점은 우리를 통제하려는 의도보다는 통제를 오히려 풀어주고 각자의 방식으로 놀아보라고 우리들에게 제안하고 있다는 데 있다.

이제 트렌디한 사람들은 포털 검색 대신 유튜브 검색을 한다. 심지어 뉴스는 공영방송이나 포털보다 더 정확한 팩트를 보여주고, 많은 사람들이 각자의 생각을 논평하고 있다.

최근 보람 유튜브의 보람이가 강남에 90억대의 건물을 산 것에 대해 논란이 일기도 했으나 보람 유튜브는 보람이 부모들의 콘텐츠인 것이다. 유튜브에서 인기를 끌려면 키즈 분야나 뷰티 분야를 해야 한다고 하는데 보람이 부모는 유튜브란 가상의 땅에 깃발을 먼저 꽂고 선점한 분들이다.

그런데 유튜브의 단점은 1인자만 기억하고 1인자가 많은 것을 가져간다는 점이다. 미래는 이처럼 1인자가 되는 것이 중요하며 그러기 위해서는 먼저 뛰어들어 독보적인 콘텐츠로 선점하는 것이 중요하다. "절벽에서 먼저 뛰어내려라! 뛰어내리는 동안 날개가 생길 것이다"라는 비유가 맞아떨어지는 세상에 우리는 살고 있는 것이다.

물론 돈을 위해 하는 것이 아니라면 자신의 능력을 다른 사람들과 나누는 것에 무게를 두고 마음을 비운 상태에서 하는 것도 좋다. 이제 유튜브는 우리들에게 '한판 신나게 놀아보라'고 말을 걸고 있다.

## 사교육을 하면
## 안 되는 이유들

요즘 아이들을 세 그룹으로 나눠볼 수 있다. 첫 번째는 되고자 하는 꿈이 확실하고 목적 의식도 분명하여 자신의 학업에 무엇이 문제인지 잘 아는 아이들이다. 그래서 자신의 결정에 따라 사교육의 도움을 받아 성장하는 아이들이다. 주도적으로 사교육을 하는 아이들, 이 아이들은 사교육을 통해 분명 효과를 얻는다. 두 번째는 자신이 하고 싶은 분야가 뚜렷하나 공부 분야가 아닌 아이들이다. 세 번째는 아직 꿈을 발견하지 못하고 자신이 하고 싶은 것도 아직 모르는 아이들이다.

이렇게 각기 다른 그룹의 대한민국 아이들 모두가 사교육을 받고 있다. 첫 번째 그룹 아이들은 사교육의 효과가 가장 높은 아이들이다. 두 번째 그룹의 아이들은 엄밀히 말하면 사교육을 받아서는 안 되는

엄마의 학교

아이들이다. 그 이유는 아이들이 원하는 목표에 다가가기 위해 시간을 써야 하는데 사교육을 하게 되면 목표를 향한 공부를 할 시간이 줄어들기 때문이다. 심지어는 아예 공부를 싫어하는 아이가 된다는 데 문제가 있다. 왜냐하면 지금 당장은 공부와 관련이 없는 분야에 관심을 두고 있지만 아이들이 정말 공부가 필요하다고 느낄 때 공부를 싫어하는 아이가 되면 나중에 문제가 생기기 때문이다.

세 번째 그룹의 아이들이 가장 많을 것이다. 이 아이들의 부모들은 사교육을 시키는 이유에 대해 이렇게 말한다. "한 가지라도 잘하는 것이 있으면 그것을 시킬 텐데, 하고 싶은 것도 없으니 사교육이라도 시켜야죠." 언뜻 일리가 있어 보이지만 장기적으로 보면 틀린 생각이다.

이 아이들은 대기만성형일 수도 있고, 꿈을 늦게 발견하는 아이일 수도 있고 아직 동기를 못 찾아 두뇌엔진이 돌아가지 않는 아이일 수도 있다. 모든 아이가 잠재력이 있다는 전제 하에 이런 아이들에게는 두뇌엔진을 키우는 것이 중요하다. 그 이유는 아이들이 머리가 깨이거나, 꿈을 발견하거나, 멘토를 만나 동기부여가 되어 공부에 매진할 시기가 되었을 때 두뇌엔진이 장착이 돼 있어야 목표를 향해 전력질주할 수 있기 때문이다.

두뇌엔진을 키우기 위해서는 뇌세포인 뉴런의 축색돌기 즉 미엘린이 두꺼워져야 한다. 미엘린은 자신이 좋아하는 것을 스스로 선택해서 몰입할 때 가장 두꺼워진다. 이렇게 미엘린이 두꺼워진 아이는 자신의 분야를 발견하고 도달하려는 목표의식을 가질 때 공부에 전념하게 된다. 예를 들면 비보잉을 하다 서울대학교에 입학했다든지 하는 예이다.

엄마들이 기억해야 하는 것은 미엘린이 공부를 통해서만 두꺼워지는 것이 아니라는 것이다. 그것이 바둑이 되었든, 축구가 되었든, 레고가 되었든 아이가 스스로 원해서 몰입할 때 비로소 두꺼워지며 이때 엄마들이 그토록 원하는 공부에서도 효과가 나타나게 된다.

특히 유아, 초등 자녀를 둔 엄마는 이 점을 유념해야 한다. 교육열이 높다는 엄마들이 이 시기 한글을 가르치거나 초등 공부 특히 아이의 성적에 집중할 경우 아이의 두뇌엔진은 커지지 않는다. 즉 지식을 담을 그릇이 작은 아이로 성장하는 것이다. 이렇게 되면 정작 공부에 필요한 그릇이 작아 과부하가 걸리고 학문을 활용하는 방법들이 일천할 수밖에 없다.

산업사회에는 국영수 주요과목을 잘하는 사람이 필요했고, 이 시대의 가장 고급 정보가 대학에 있었으며, 대학이 아이의 삶을 보장해주었기 때문에 사교육을 통해 좋은 대학에 들어가도록 조력하는 것은 맞았다. 치맛바람 엄마나 매니저 엄마가 주목을 받은 것도 이 때문이다. 그러나 앞으로는 더 이상 이 방식이 통하지 않는다는 것이 문제다. 만약 아직도 매니저 엄마를 자처한다면 시대에 뒤떨어진 엄마라고 할 수 있다.

당장 수학 문제를 스마트폰에 들이대면 답이 나오는 포토매스 앱 Photomath App이 등장했다. 영어는 구글 번역기의 진화로 일상생활에 불편함이 없을 정도라고 한다. 어쩌면 그동안 오랜 시간 매달려왔던 수학과 영어 과목은 간단한 기계 조작만 알려주어도 해결될 날이 멀지 않은 것 같다. 단지 국어가 문제인데 지금처럼 문제를 풀고 암기하는 방식이 아닌 시를 읽으며 상상력을 높이고, 소설을 읽으며 구조를 파악하고, 토론을 통해 논리적 사고력을 키우는 방식으로 나아가야 한다. 그렇다면 과연 대학 입학만을 위한 지금의 사교육이 필요한가를 묻고 싶다.

앨빈 토플러는 "한국의 중고등학교 교육은 세계와 정반대로 가고 있다. 학교와 학원에서 밤 11시까지 하루 15시간 공부하는 것을 이해할 수 없다. 한국의 미래는 교육제도의 변화에 달려 있다"며 한국 교육의 획일성에 대한 문제점을 지적하였다. AI 시대에 아이의 호기심을 무시한 획일적이고 일방적인 지식전달의 필요성은 갈수록 의문시되고 경쟁력도 잃을 것이다.

갈수록 심화되는 양극화로 교육은 더 중요해지고 있어 교육을 안 시킬 수도 없는 실정이다. 그러니 사교육도 전략적으로 해야 한다. 지금처럼 단지 학교성적을 올리기 위한 사교육이 아니라, 자녀가 가진 강점지능을 다중지능을 통해 평가한 후 강점지능을 더 신장시킬 수 있는 교육에 투자를 하여야 한다. 그래야 학습 동기를 최고조로 끌어올릴 수 있다. 즉 내적 동기로 공부하는 아이가 될 수 있다는 것이다. 남들이 하는 교육을 따라가는 것이 아니라 철저하게 내 아이에게 최적화된 맞춤교육을 시켜야 한다.

아이에게 맞춤교육을 하면 아이의 다름을 특별함으로 만들 수 있으며, 사교육을 이것저것 시키지 않고 돈을 적게 들이면서 아이가 즐거

위할 수 있고 성과도 높게 나타나므로 저비용 고효율의 장점이 있다. 더욱 중요한 것은 이러한 활동들이 아이가 좋아하는 분야라면 스스로 자발성에 의해 이루어져 지식창조사회를 살아가는데 가장 중요한 주도성도 길러진다는 것이다.

그 효과를 극대화하기 위해서는 적기 교육을 해야 한다. 아이의 발달 과정에 맞게 교육을 하여야 최단 시간에 가장 큰 효과를 볼 수 있다. 예를 들면 전공으로 시킬 것이 아니라 취미 정도로 시키는 것이라면 너무 빨리 시켜 진도가 느리게 나가 경제적 손실을 보는 것보다는 아이가 가장 잘 흡수할 적정한 시기에 시키는 것이 좋다.

스마트한 아내를 둔 남편은 오래 살고 그렇지 않은 아내를 가진 남편은 수명이 짧다는 연구 결과가 있다. 남편의 한 달이란 시간과 바꿔오는 월급을 스마트하게 쓰는 아내가 절실히 필요하며 지금처럼 축소경제 시대에는 더욱 그러하다.


진로전문가로서 당부하고 싶은 것이 있다. 대한민국의 교육체제에 있어 진정한 진로 지도는 대학 시기이며, 이때 부모가 아이와 협력하며 집중적인 교육 투자가 이루어져야 한다. 그런데 주위를 둘러보면 정반대로 가는 안타까운 현실만 보인다.

나는 요즘 카페나 편의점에 가는 것이 두렵다. 미래를 위해 소중한 시간을 투자해야 하는 아이들이 적은 돈의 시급에 미래를 담보당한 채 아르바이트를 하고 있기 때문이다. 기성세대의 한 사람으로 그들의 눈을 바로 보기가 힘들기 때문이다. 미안해서다. 내 아이는 아니지만 우리의 아이들이 미래를 위한 준비 대신 시급 일자리에 놓인 현실이 눈물 나게 안타깝다. 내가 우리 아이들을 대학에 보내 보니 대학생 엄마의 종류가 세 부류로 나뉨을 알 수 있었다.

첫 번째 엄마는 등록금도 내주고, 용돈도 주며, 아이 미래를 위한 투자에 적극적인 엄마, 두 번째 엄마는 등록금은 내주지만, 용돈은 알아서 하라는 엄마, 세 번째 엄마는 등록금도, 용돈도, 알아서 하라는 엄마다.

아이들도 아르바이트의 종류에 따라 삶이 나뉜다. 얼마 전 신문기사에 아르바이트를 하지 않는 학생과 교내 아르바이트를 하는 학생, 그리고 교외 아르바이트를 하는 학생의 학점을 비교 분석한 결과가 실렸다. 예상대로 아르바이트를 하지 않는 학생의 학점이 가장 높았고, 그 다음이 교내 아르바이트를 하는 학생이고, 가장 학점이 안 좋은 학생은 교외 아르바이트를 하는 학생이었다. 특히 교외 아르바이트를 하는 학생의 학점은 그야말로 기업에 원서를 쓰기에도 학점이 부족해 보였다.

아마 교외 아르바이트를 하는 학생도 대학에 가서 좋은 직장을 갖기 위해 입학했을 것이다. 그러나 마주하는 현실은 냉혹했다. 학자금 융자를 받으며 학교를 다닌 학생은 4년 다 받았을 경우 이자와 원금 합쳐 졸업 시점에는 150만 원 가량을 매달 갚아야 한다.

이러한 현실을 놓고 보면 아이들을 탓할 수 없다. 부모가 시대를 읽지 못하고, 사교육에 과도한 투자를 했던 교육과 경제 계획의 오류가 만든 비극이라 볼 수밖에 없다. 그래도 베이비부머는 경제의 상승곡선에서 살았던 사람들이다. 지금 한창 교육을 해야 하는 X세대 젊은 부모들은 나락으로 치닫는 경제의 하향곡선에 살아야 한다. 지금과 같은 남 따라가기 식의 무차별한 사교육으로는 아이들의 미래도 부모의 미래도 보장받을 수 없다.

# 오늘부터 학원 그만두기

앞으로는 학위보다 실력이 우위가 되어 자격증이 더 대우받는 시대로 바뀔 것이다. 세계의 아이들은 직장이나 직업보다는 1인 창업이나 창직으로 방향을 틀고 있다. 이처럼 세계가 창의인재를 원하고 콘텐츠 사회로 접어드는 이 시점에 대한민국에서는 교과서라는 똑같은 콘텐츠로 반에서 1등, 학교에서 1등, 전국에서 1등이 과연 무슨 의미가 있을까를 되짚어보아야 할 것이다.

이미 세계는 개개인성에 주목하기 시작하며 벌써 그 징후는 하워드 가드너가 다중지능이란 지능관을 주장하던 30년 전부터 시작되었다. 이제 개개인성에 기반을 둔 잠재능력을 최대한 발휘하여 각자의 분야에 온리 원이 되는 창의융합형 인재를 필요로 하는 시대다. 이런 배경에서 대학을 가기 위한 학원을 계속 다녀야 할까? 이 문제에 대해 진지하게 생각해볼 시점이다.

사교육을 그만두어야 하는 커다란 이유는 두 가지다. 하나는 대한민국 가정이 처한 경제적 이유다. 두 번째는 콘텐츠 사회가 된 지금 사교육은 콘텐츠 확보를 위한 시간을 앗아가는 이유다.

우선 경제적 이유에 대해 알아보자. 한국일보 2015년 2월 12일자에는 〈4년제 대학은 나와야…. 학력 기대 깨진다〉 라는 기사가 실렸다. 대학을 나와도 취업난이 심해지자 명문대를 가지 못할 바엔 학비가 싼 전문대에 등록만 해놓고 바로 휴학을 한 후 공무원 시험이나 기술을 배우는 학생이 늘고 있다는 기사였다. "좋은 대학을 나와도 취업이 어려운 상황이라 중고등학생조차 굳이 대학에 진학해야 하는 건지 잘 모르겠다고 말할 정도"라고 한다.

2019년 11월 25일 한국경제는 '취업절벽… SKY 나와도 30전 30패'라는 기사를 실었다. 청년고용이 갈수록 악화되는 상황에서 명문대를 나와도 채용이 힘들어 구직을 포기하는 20대 청년이 33만 9000명으로 3년 전에 비해 11만 명 이상이 늘어났다는 기사였다. 공채를 하는 기업도 줄어들고 문과생은 취업을 위해 이과 전공을 복수전공으로 하여 '신분세탁'을 해야 하는 처지라는 것이다.

신분 상승의 사다리 역할을 했던 고등교육에 대한 기대가 낮아지고 있음을 반증하는 기사들이다. 대학 진학률이 78.5%에 달하는 상황에서 대학 졸업장이 주는 차별성과 경쟁력이 갈수록 떨어지고, 생계마저 보장받지 못하는 상황에서 대학만을 위한 사교육은 재고해볼 시기라 생각한다.

베이비부머의 생활고가 최근 뉴스거리가 되고 있다. 가장 많은 시간을 일에 전념한 세대이고, 교육으로 계층이동을 경험한 최초의 세대이므로 자녀를 위한 사교육에 모든 경제력을 투자했다. 그러나 현실은 어떠한가? 베이비부머 대부분이 은퇴했다. 이들의 가장 큰 고민은 노후 걱정이다.

평생 번 돈을 자녀의 사교육에 투자했지만 자녀의 돌봄을 기대조차 할 수 없는 세대이며 부모를 봉양해야 하는 세대다. 대부분이 아파트 한 채를 보유하고 있으며, 집값이 떨어져 깡통주택도 등장했다는 기사가 등장하고 있다. 이러한 하우스푸어와 더불어 젊은 세대에서는 에듀푸어라는 용어도 등장했다. 자신의 수입보다 아이들 사교육에 과다하게 지출하여 빈곤층으로 떨어지는 세대를 지칭한다. 이와 같은 상황은 점점 더 악화될 것이다. 선배 세대의 삶을 반면교사 삼아 어린 자녀를 키우는 부모들은 스마트하게 대처해야 한다. 우리 대부분은 자녀교육에 투자할 총알이 얼마 없음을 인식하고, 과거처럼 무차별 교육투자를 해서는 우리의 노후를 지켜나갈 수 없다.

엄마의 학교

강창희 미래에셋 퇴직연금연구소 소장은 베이비붐 세대 퇴직자의 60%가 노후 준비를 못하고 있으며 대부분 자녀 교육비 때문이라고 한다. 아이도 잃고, 돈도 잃고, 자신의 노후 대비마저 놓치고 있다. 지금 대한민국은 과도한 교육투자로 중산층이 몰락하고 있으며, 에듀푸어, 하우스푸어, 한계중산층, 전세난민 등 무늬만 중산층인 경우가 대부분이다. 가장들은 50세에서 55세 정도면 은퇴를 하는데, 이 시기 자녀는 사교육비가 많이 드는 중고생이거나 학자금이 부담스러운 대학생들이다. 미국도 2008년 금융위기 이후 그 원인을 부동산 대출과 과도한 교육비로 돌리며 공부를 하면할수록 가정에 리스크를 가져온다는 '공부리스크'라는 말이 나왔다. 이처럼 과도한 교육비의 문제는 한국만의 문제는 아닌 듯하다.

대한민국에서 중산층에 진입하는 시기는 중상층의 경우 46세, 중중층인 경우는 46.8세, 중하층인 경우는 49세이다. 이들이 은퇴 후 10년이 지나면 저소득층으로 떨어지게 되는데, OECD 조사에 따르면 은퇴자의 빈곤율은 45.1%로 2명당 1명꼴로 저소득층으로 전락한다고 한다. 이는 OECD 가입국 34개국 가운데 1위를 차지하며, 이처럼 은퇴 후 10년 은퇴보릿고개(은퇴 후 연금을 받기 이전 기간)를 넘어 빈곤층으로 전락하게 되는 이유는 근로소득에 의존하는 것과 과도한 교육투자에 기인한다.

이미 기업에서는 중산층에서 밀려나는 빈곤층을 겨냥해 하류마케팅을 시작했다. 사회에 하류가 많아지면 우선 라면의 종류가 많아지고, 다이소와 같은 저가품을 판매하는 곳이 늘어나게 된다. 다이소는 하류마케팅의 대표주자다. 다른 기업들은 힘들다고 아우성인데 다이소만큼은 매출이 기하급수적으로 증가하고 있다. 대한민국 어디를 가도 다이소가 없는 동네가 없을 만큼 이제 하류 파이가 커지고 있다는 증거다.

이미 소득의 양극화는 시작되었고, 소득의 양극화는 교육의 양극화를 가져오며, 돌릴 수 없는 악순환의 고리가 이어진다. 동네학원에서 좋은 학교성적을 내기 위해 국영수 공부를 하는 아이들과 스마트 교육을 실시하는 사립초등학교를 나와 영재중학교를 거쳐 특목고를 다니고 해외 유학을 가는 아이들이 어떻게 경쟁할 수 있겠는가?

이런 상황인데도 과도한 사교육비를 지출하며 지는 게임을 붙들고 있기 때문에 노후 대비를 못한 채 은퇴 이후 절벽으로 떨어지는 가정들이 많은 것이다. 그런데 이런 지는 게임에서도 다행히 방법은 있다. 지식창조사회가 도와주고 있다. 실용지식의 주기가 3년으로 앞당겨지면서 막대한 돈을 투자해서 유학을 다녀와도 그 지식이 과거처럼 평생을 보장해주지 않기 때문에 최근에는 중상층에 있는 사람들도 해외 유학을 꺼리는 현상이 나타나고 있다. 최상층 아니면 노후 걱정으로 교육비에 지갑을 과감하게 여는 가정이 줄어들고 있다. 이런 상황이라면 아이가 스스로 동기를 갖고 평생 학습하려는 마인드를 갖고 있다면 더 경쟁력을 지닐 수 있다.

지금이라도 정신을 차리고 내 아이의 진로를 위해 미래교육 3스텝을 적용해보면 어떨까. 지금 대학생이나 대입을 앞둔 고등학생들은 적용하기에 부담스러울지 모르나 어린 자녀를 둔 부모나 중학생까지는 적용할 수 있다. 사실 나의 아들들에게는 고등학생 때와 대학생 때도 적용하고 있는 방법이고, 막내아들은 이것이 대학에 들어갈 때도 많은 도움이 되었다. 그러니 고등학생과 대학생을 둔 엄마라도 용기를 내어 시작해야 한다.

자녀교육을 잘하면 30년 부채고, 못하면 70년 부채라는 말이 있다. 지식창조사회에서 산업사회 교육을 하면 까딱 잘못하다가는 다 큰 자녀를 이고지고 살아야 한다. 지금 이탈리아는 독립했던 자녀들이 부모의 연금에 기대어 살기 위해 다시 부모의 집으로 돌아오고 있다. 70년 부채로 자녀를 껴안고 가는 것보다는 30년 교육을 잘하여 아이가 스스로의 힘으로 살아가게 만드는 것이 진정으로 도움을 주는 부모의 역할이 아닐까?

# 아이의 창업 자금을 교육비라 생각하기

대한민국의 부모들이 사교육비와 학자금을 교육비로 생각하지만 교육비에 대한 패러다임을 바꾸면 아이의 미래를 더 효과적으로 도와줄 수 있다. 나는 아이의 진로를 매우 중요하게 생각하였고, 미래학을 공부하며 앞으로 미래가 원하는 인재가 무엇인지 알게 되었으며 진정으로 아이를 존중하는 것은 아이의 꿈을 지지하고 지원해주는 일임을 깊이 느끼게 되었다. 그 후 교육비에 대한 패러다임이 바뀌게 되었다. 교육비란 사교육비만을 의미하는 것이 아니라 아이의 미래 삶을 진정으로 도와주는 것이라 생각하게 된 것이다.

20여 년 전 일이다. 같은 아파트에 사는 선배 언니가 큰 아들을 서울대학교에 보내기 위해 사교육비로 1억을 준비했다는 말을 듣고 적잖이 놀란 적이 있었다. 그 후 나는 이사를 가서 그 언니의 아이가 서울대학교를 갔는지는 알지 못한다. 그러나 요즘 취업 현실을 보면 과연 그 아이의 진로가 어떻게 되었을까 궁금하다.

얼마 전 아들 추천으로 신사임당이란 유튜버 채널을 본 적이 있다. 대기업을 퇴사한 후 창업하여 성공한 친구였다. 그가 백수인 친구를 자신처럼 만들기 위해 '창업 다마고찌'란 채널을 개설했다. 내용인 즉 게임업체 다니던 친구가 백수가 되면서 신사임당에게 도움을 요청한 것이다. 절친인 신사임당은 백수 친구를 자신처럼 만들어주겠다고 말하며 친구를 교육하는 내용이었다. 그런데 1회 내용을 보며 눈물이 왈칵 쏟아졌다.

신사임당이 나처럼 창업하려면 우선 50만 원은 있어야 하는데 50만원 있냐고 친구에게 물어본다. 그러니 백수 친구가 50만 원은 없는데 그래도 최선을 다하면 20만 원 정도는 마련할 수 있다는 것이었다. 그러자 신사임당이 너 한 달 생활비로 얼마를 쓰냐고 묻자 30만 원 정도 쓴다고 말한다. 이런 이야기를 들으며 청년들의 생활이 얼마나

고된지 느끼게 되었다. 30만 원이면 하루에 1만 원을 쓰는 것인데 다행히 부모님 집에 기거하면 주거비는 빠지지만 이도 여건이 안 되면 30만 원에 주거비도 넣어야 한다. 교통비에 하루 세 끼를 챙기려면 과연 어떤 식사를 할까 걱정도 되었다. 내가 눈물이 왈칵 쏟아졌던 이유는 최대한 노력하면 20만 원은 마련할 수 있다는 말이었다. 30대가 넘은 청년 수중에 20만 원이 없는 현실에 말문이 탁 막혀버렸다.

물어보지는 않았지만 그 청년의 부모님도 사교육을 시키셨을 것이다. 이건 대한민국의 흔한 현실이라 나름 상상해보는 것이다. 만약 그 부모님이 아들을 위한 약간의 자금이라도 있으셨다면 친구의 도움을 받아 창업을 할 수 있었을 것이다.

어쨌든 내가 말하려는 것은 '자녀의 창업비도 교육비'라는 것이다. 대학 가는 데까지만 전력 질주하는 대한민국의 부모들에게 창업의 시대를 맞아 이제는 창업비를 교육비로 생각해야 한다고 말하고 싶다. 어찌어찌하여 백수 친구는 창업을 하여 지금 한 달에 100만원을 벌고 있다.

전 세계 인구 70억의 0.2퍼센트(1500만명 정도)로 세계의 경제, 금융, 산업, 학계를 장악한 유대인들은 자녀가 다섯 살 때부터 경제 교육을 시키고, 열세 살 성인식에 주변 지인들이 5만 달러의 종잣돈을 모아 처음이자 마지막으로 아이에게 이 돈을 선물한다. 이때부터 대학 입학 전까지 아이는 스스로 그 자산을 관리해야 하는 과정에서 경제에 관심을 갖게 되어 돈의 현실적 가치에 대해 터득하게 된다. 이런 경험을 통해 유대인들은 미국 억만장자 중 40퍼센트를 차지하고 전 세계 부의 30퍼센트를 차지하게 된 것이다. 대학에 갈 때까지 경제에 관심을 둘 여지없이 사교육에만 올인하는 대한민국의 아이들과는 다른 삶이다.

나 역시 교육비에 대한 생각이 남달라 아이들을 키우며 여러 가지 일화가 있다. 그 중 몇 가지를 말해보려고 한다. 나의 예시를 통해 부모들이 교육비에 대한 패러다임을 바꾸고 어떻게 자녀의 진로에 활용하는지 느껴보길 바란다.

우선 큰 아들의 경우 대인지능이 높고 교육하는 것에 관심을 가진 아이였다. 학습법에 관심을 가졌고 자신이 알게 된 학습법을 동생에게 가르치며 "너는 내 마루타야. 내가 하는 대로 따라해 봐"라고 초등학생 동생을 가르치곤 했다. 큰 아이는 화이트보드에 써가면서 공부하는 것을 좋아했고 나는 각종 사이즈의 화이트보드를 사주었다. 그런데 하루는 아들이 블랙보드에도 써보고 싶다며 블랙보드를 사달라고 하였다. 내가 부모교육과 진로교육을 하지 않았다면 아마 아들에게 집에 화이트보드가 그렇게 많은데 그것을 쓰라고 했을 것이다. 그러나 대인지능이 높은 아이는 분명 사람 상대의 일을 할 것이고 때론 블랙보드를 써야 하는 상황도 있을 것이라 생각하며 "그래 미리 연습하는 것도 좋지"라며 흔쾌히 사주었다.

아들이 군대를 마치고 돌아와 이런저런 이야기를 하던 중 내가 물었다. "군대 가서 무얼 느꼈어?" 그랬더니 아들은 "엄마, 진짜 어른을 만나고 싶어"라고 하는 것이 아닌가. 아들의 말을 들으며 속으로 집에 둘이나 있잖아, 라고 말하고 싶었지만 이내 애 아들이 우리 부부를 진정한 어른으로 생각하지 않는다는 것을 느끼며 반성하기도 했다.

아들은 이내 "엄마! 나 세계를 다니며 진짜 어른을 만나고 싶어"라고 말했다. 그래서 나는 물었다. "너, 그거 생각하면 가슴이 뛰니?" 이 말은 내가 아이들이 무언가 결정을 할 때 반드시 묻는 질문이었다. 아들은 내 손을 자신의 가슴에 가져가 대었다. 나는 그

날 아들의 가슴 뛰는 소리를 마음을 통해 들을 수 있었다. 그리고 먼 곳을 응시하며 눈물이 맺히는 아들의 눈을 나는 그 날 보았다.

아들에게 "그러면 가라. 가서 네가 원하는 진짜 어른을 보고 와라"라고 하였다. 그날 내가 가라고 하면서 〈그랑블루〉란 영화의 한 장면과 오버랩되는 느낌이 들었다. 정말 감동적으로 본 인생영화인데 바다와 돌고래를 사랑한 주인공이 현실 속의 여성과 사랑을 하여 결혼을 한다. 그러나 주인공이 정말 갈망하고 사랑하는 것은 바다와 돌고래였다. 연인과 사랑을 하여 현실 속에 살고 있지만 주인공은 적응을 못하고 침대에 누워 자면서 코피가 터지는 경험을 한다. 복선이 깔린 장면인데 그가 있어야 할 곳은 여기가 아니라 바다임을 말하는 것이다. 압력이 맞지 않아 코피가 나는 것을 의미한다.

그를 사랑한 연인은 서로가 사랑하는 것을 알지만 주인공을 위해 그를 바다와 돌고래에게 보내기로 결정한다. 둘은 드디어 바닷가에 도착했고 연인은 주인공을 향해 "가! 가라구!(Go away! Go away!)"라고 외친다. 그가 바다에 들어가자 멀리서 돌고래가 기뻐서 소리를 치며 하늘로 날아오르는 장면이었다.

아들을 가라고 했던 내 마음이 바로 그 마음이었다. 당시 아들은 군대 갔다 온 복학생 4학년이었다. 남들처럼 생각하면 현실감 있게 취업 준비를 하는 당연한 시기지만 나는 그 아이의 뛰는 가슴과 눈에 맺힌 눈물을 보았기에 아들을 보낼 수밖에 없었다.

아들은 6개월간 세계로 자신이 원하는 진짜 어른을 만나기 위해 여행을 갔다. 얼마 후 카톡에 "좋으니?"라고 보냈더니 "엄마! 천국이야"라고 답이 왔다. 아들이 떠난 후 그 비용을 나는 조용히 교육비라고 썼다. 교육비에 대한 패러다임을 조금만 바꾸면 자녀에게 천국을 선물할 수 있는 부모가 될 수 있음을 알게 되었다.

그런데 놀라운 일은 그 후 일어났다. 여행을 마치고 복학을 한 후 졸업하기도 전에 취업을 한 것이다. 아들에게 물으니 여행의 경험이 면접관에게 좋은 인상을 주었다는 것이었다. 나는 마음을 비우고 아들을 지지하며 지원해준 것이 아이를 키우는 진짜 교육비임을 알게 되었다.

작은 아들의 경우 아들은 중학생 때부터 패션에 관심이 있었다. 하루는 옷가게에 들어가 옷을 구경하고 있는데 함께 갔던 까까머리 아들이 디스플레이되어 있던 중절모를 사달라고 하는 것이 아닌가?

나는 아들에게 "그래 패션을 하려면 네가 써봐야 알지. 그래 사줄게"하고 흔쾌히 사주었던 기억이 있다. 그것도 나는 집에 와 교육비라 적었다.

또 하나 작은 아들과의 일화는 패션을 하겠다는 아들이 군대에 가서 마음을 바꾸었다. 패션은 너무 자금도 많이 들고 재고도 신경쓰이니 모자를 한 번 해보겠다고 하였다. 그래서 "네가 해보려면 얼마가 들겠니?" 라고 물었다. 아들은 100만 원 정도면 이것저것 사보고 아이디어를 낼 수 있겠다고 했다. 항상 두 아들에게 교육했던 대로 "fail cheap! fail fast!"라고 말하며 바로 주었다.

'fail cheap! fail fast!'는 실리콘밸리 부자들이 자녀를 교육하는 방식이다. 사업을 하려면 네 번 정도의 커다란 실패 끝에 성공을 한다고 한다. 그래서 실리콘밸리 부자들은 자녀에게 사업을 하려면 빨리 해서 망하고, 값싸게 망하라고 가르친다. 그렇지 않으면 우리나라처럼 중년이 돼서 크게 망하고 비싸게 망하게 된다. 얼핏 보기에 100만 원을 선뜻 내어주는 것이 비교육적으로 보일지도 모르지만 미래에 아이가 살아가는데 값싼 교육비라 생각한다. 단 이런 것을 교육비라 생각한다는 전제에서 말이다.

　이후에도 큰아들을 그 아이가 존경하는 강신주 선생님과 함께 식사하는 유료 모임에도 보냈고, 미래학을 하시는 강사님을 식사에 초대하여 가르침을 받는 등 조금은 색다른 교육비를 지출했다. 가계에 부담을 주는 사교육비를 모아 남다른 교육으로 최대한의 교육 효과를 본 것이다.

　투자 대비 성과가 없는 과도한 사교육비보다 아이의 의견을 존중하고 너희들을 지지한다는 또 다른 사랑을 전달할 수 있는 좋은 기회였다. 이는 교육비에 대한 패러다임을 바꾸었기 때문에 가질 수 있었던 행복한 경험들이었다.

엄마의 학교

**4**

# 평범한 우리 아이,
# 미래인재 만들기

# 아이의 조기 적성, 엄마가 발견하라

▶▶▶

자녀의 적성을 조기에 발견하는 데 부모의 역할은 매우 중요하다. 부모는 자녀를 가장 가까이에서 관찰할 수 있으며, 관찰 결과를 토대로 교육적 지원을 통해 잠재능력을 역량화할 수 있기 때문이다. 대부분 위인들의 부모들이 이런 경우다.

모차르트, 피카소, 타이거 우즈, 김연아처럼 각 분야에 성과를 낸 천재들도 부모들에 의해 재능이 조기 발견되어, 맞춤식 교육으로 성공한 예이다. 모차르트의 경우 유명한 연주가이자 작곡가였던 아버지에 의해 세 살부터 강도 높은 훈련을 받았고, 타이거 우즈는 골프광이자 골프선수였던 아버지 얼 우즈에 의해 생후 7개월이 되었을 무렵부터 골프채를 잡기 시작하여 심도 있는 연습으로 골프계의 황제로 군림하게 되었다. 김연아도 그녀의 재능을 알아봐준 코치의 말에 귀 기울였던 엄마에 의해 여섯 살부터 스케이트를 타기 시작했고, 피카소 역시 열 살에 피카소의 소묘가 뛰어남을 발견한 아버지가 그림을 가르쳐 대가로 키운 경우이다.

이처럼 이들의 부모 모두는 이미 10세 이전에 아이의 재능을 발견하였는데, 조기 적성 발견의 장점은 훈련시간을 남들보다 더 많이 확보할 수 있다는 것이다. 이를 통해 최적화된 몸과 뇌의 변화를 가져오는 미엘린 형성을 할 수 있었다는 점과 각자의 재능을 펼칠 결정적 시기를 놓치지 않아 실력향상의 효과를 높일 수 있다는 장점이 있다.

이들이 한 훈련에 대해 먼저 살펴보자.

〈재능은 어떻게 단련되는가?〉를 쓴 제프 콜린은 이 책에서 다음과 같은 질문으로 출발하고 있다. 우리는 왜 같은 일을 10년, 20년, 심지어 30년, 40년을 해도 '그럭저럭' 잘할 뿐, 세계적인 수준의 성과를 내지 못하는 것일까? 왜 우리는 골프 연습장에서 혼자 두 바구니의 골프공을 쳐도 타이거 우즈가 되지 못하는가?

저자는 그 이유를 '신중하게 계획된 연습(deliberate practice)'으로 보았다. 그는 모두가 똑같은 시간과 노력을 들이고도 누군가는 천재가 될 수 있으며, 누군가에게는 평범한 연습이 될 수도 있다고 한다. 우리가 일상적으로 하는 연습은 연습이 아니라고 말한다. 신중하게 계획된 연습은 성과 중에서 특별히 개선해야 할 필요가 있는 특정 부분을 예리하게 찾아내 그 부분만 집중적으로 훈련하는 것을 의미한다.

예를 들면 타이거 우즈는 벙커 모래에 골프공을 놓고 제대로 치기가 거의 불가능해 보이는 위치에서 샷 연습을 했다. 위대한 성과자들은 자기가 하는 활동의 전 과정에서 특정 부분만 따로 떼어 그 연습에만 집중하며, 그 부분의 실력이 향상되면 다음 단계로 넘어간다. 어떤 부분을 훈련해야 할지 결정하는 것 자체가 상당히 중요한 기술인데 다중지능으로 치면 대내지능이 발달해야 가능한 부분이다. 하워드 가드너의 어떤 분야든 그 분야의 리더가 되려면 대내지능이 발달해야 한다는 말과도 통한다.

제프 콜린이 말하는 '신중하게 계획된 연습'의 정의는 다음과 같다.
· 성과를 높이려는 목적으로 설계된다
· 수없이 반복할 수 있다.
· 끊임없이 결과에 피드백을 받을 수 있다.
· 정신적으로 상당히 힘들다.
· 별로 재미는 없다.

그는 "세상에 위대한 일은 없다. 다만 위대하게 일하는 사람만 있다"고 말한다. 우리가 하는 평범한 연습으로는 비범한 성과를 거둘 수 없다는 것이다. 그는 천재는 타고난다기보다는 엄청난 양의 계획된 연습이 위대한 성과를 만든다고 주장한다.

이런 연습은 우리들의 몸과 뇌를 변화시키는데, 조기 적성 평가의 장점은 자녀의 몸과 뇌를 변화시킬 수 있는 연습의 시간을 제공한다는 것에 있다. 위대한 성과자들은 신중하게 계획된 연습을 구조화하여 더 많이 인식하고, 더 많이 알고, 더 많이 기억하는 능력을 가지는데 이 역할은 실제 인간의 뇌와 신체의 물리적 성질을 변화시킨다는 점이다.

예를 들어 장거리 달리기 선수들은 심장이 보통 사람들보다 크다. 이는 크게 태어난 것이 아니라 집중적으로 오래 훈련한 결과이며, 연습을 중단하면 다시 정상 크기로 돌아온다. 운동선수는 오랜 훈련을 통해 근육 크기만 바꾸는 것이 아니라 근육의 성질까지 변화시킨다. 단거리 달리기 선수는 속근섬유가 발달하며, 장거리 달리기 선수는 지근섬유가 발달하는 것이 그 예이다.

신중하게 계획된 연습은 인간의 두뇌까지 변화시킨다. 어린아이가 악기 연습을 시작하면 두뇌가 이전과 다르게 발달하며, 대뇌 피질에서 청각과 손가락을 통제하는 영역이 넓어진다고 한다. 연습이 뇌를 변화시키는 이런 효과는 나이가 어릴수록 크기 때문에 조기 적성 발견이 중요한 이유다.

또한 신중하고 계획된 연습은 미엘린 층을 두껍게 만든다. 미엘린은 신경 섬유와 뉴런 주위에 생성되는 물질로 두꺼울수록 더욱 활발하게 작용하며, 고도의 작업을 할 때 더 두터워진다. 미엘린 형성은 아주 느리게 생성되며, 수백만 번의 반복이 필요한데, 신중하고 계획된 연습으로 가능하다는 것이다.

야구 투수나 발레 무용수와 같은 전문분야는 아주 어렸을 때 시작해야 그 분야가 원하는 몸을 만들 수 있다. 시기를 놓치면 뼈가 굳어져 적절한 몸 만들기가 불가능하다. 늦게 시작하면 투수는 충분히 팔을 뒤로 젖히지 못하고, 발레리나는 발을 턴 아웃turn out시키지 못한다. 이러한 사례는 지적 작업에도 마찬가지인데 어릴 때 하는 연습이 성인이 되어서 하는 연습보다 미엘린을 더 많이 형성시키기 때문이다. 따라서 연습을 늦게 시작하는 것보다 조기 적성 발견으로 일찍 시작했을 때 훨씬 많은 이득을 얻을 수 있다.

각 분야에서 탁월한 성과를 내려면 10년간 전문성을 쌓는 기간과 그 이후 전문성을 숙성시켜 독보적인 위치로 자리매김하는 10년, 즉 20년이 걸리고 다른 분야와 융합을 통해 창의적인 성과를 내려면 30년은 족히 걸린다. 지식창조사회가 원하는 창의적인 인재는 조기 적성 발견을 통해 인고의 시간을 유년기와 청소년 시기에 갖는 사람만이 될 수 있는 것이다.

## 벤저민 블룸이 말하는 부모의 역할

교육학자 벤저민 블룸은 이 주제와 관련하여 가장 유명하면서도 가장 규모가 큰 조사를 진행했다. 블룸의 연구팀은 피아노 연주, 조각, 수영, 테니스, 수학, 신경학 등 다양한 분야의 미국 최고 젊은 남녀 인재들 및 그들의 부모를 집중 인터뷰했는데, 그 결과 그들의 가정환경에 많은 공통점이 있다는 사실을 알아냈다.

1. 부모들의 성장 배경, 직업, 수입 등 다양한 차이에도 불구하고 이들 가정은 모두 자녀를 최우선으로 생각했다. 아이들이 가정의 중심이었으며, 자식을 위한 일이라면 부모는 어떤 일이든 기꺼이

감수할 준비가 되어 있었다. 블룸의 보고서에서 가장 주목할 만한 결론은 다음과 같았다. "뛰어나기, 최선을 다하기, 열심히 하기, 시간을 건설적으로 보내기 등이 거듭 강조되었다."

2. 뛰어난 인재의 부모들은 자식이 어떤 분야에서 일반적인 선택을 해야 할 경우 훌륭한 길잡이 역할을 했다. 하지만 구체적인 선택에서는 운도 큰 역할을 했다. 예술가는 예술 애호가인 부모를, 운동선수는 운동을 좋아하는 부모를, 수학자와 신경학자는 고학력의 부모를 둔 경향이 있었으며, 이 부모들은 자식이 아주 어릴 때부터 그런 분야로 나아가도록 격려했다.

3. 하지만 피아노를 치게 된 것은 집에 피아노가 있었기 때문이고, 수영 선수가 된 것은 수영팀에 선수 한 명이 부족했기 때문이었다.

4. 이 부모들은 자기 자녀를 가르칠 적절한 교사를 찾았다. 이것이야말로 자녀들이 발전하고 최고 수준의 인재로 발돋움하는 데 부모가 할 수 있는 가장 중요한 역할이다. 아이들의 첫 번째 교사는 대개 거주 지역 내에 있는 코치나 선생님, 친척 등 자주 볼 수 있는 사람들이었다. 하지만 곧 아이들에게 실력이 더 뛰어난 교사가 필요한 시점이 찾아오고 대개 그런 교사들은 먼 곳에 있었다. 부모들은 아이에게 가장 적합한 교사를 물색해서 찾은 다음, 아이가 수업을 들을 수 있도록 먼 거리를 오가며 많은 시간을 바쳐야 했다. 결국 자녀와 부모, 양쪽 모두 상당한 돈과 시간, 그리고 에너지를 들여야 하는 마지막 단계로서 관련 분야 최고의 교사에

게로 옮겨갔다.

5. 이들 부모들은 아이의 발전 정도에 따라 그에 맞는 교사를 선택하는 일 이외에 직접 아이를 지켜보면서 충분한 시간 동안 제대로 연습하는지 확인했다. 연습과정을 가까이서 관찰하는 일이 중요한 이유는 연습이 뛰어난 성과의 핵심이기 때문만이 아니라 아이들이란 워낙 연습을 싫어하기 때문이다.

6. 시카고 대학의 미하이 칙센트미하이와 그의 동료들은 왜 일부 청소년들이 계획된 연습과 위대한 성과의 핵심이라 할 수 있는 집중력 유지와 힘겨운 공부를 또래의 다른 아이들에 비해 더 쉽게 생각하는지 그 이유를 조사했다. 그 결과는 부모의 격려와 지원이라는 두 가지였다. 격려 환경은 풍부한 학습 기회와 학업성과에 대한 높은 기대치를 의미했고, 지원 환경은 누가 무엇을 해야 하는지 따지지 않고 서로가 의지할 수 있는 명확한 규칙과 의무를 의미했다. 이러한 가정의 아이들은 그렇지 않은 그룹의 아이들보다 공부에 훨씬 더 집중하고 관심을 기울였으며 열의도 많았다.

블룸이 조사했던 가정들은 아이들을 격려하는 분위기(부모들은 아주 어릴 때부터 아이들의 호기심을 키워주고 아이들의 질문에 성심껏 대답했다)와 안정된 환경에서 아이들에게 지원을 아끼지 않았다. 또한 부모들은 아이들의 연습을 돕는 데 일정 시간을 할애했다. 즉 인재를 길러내는 안정된 시스템으로 자녀를 길렀다.

## 대한민국에서 노벨상이 나오지 않는 이유

대한민국에서 노벨상이 나오지 않는 이유를 추측해본 조사가 있었다. 외국의 노벨상 수상자들에게 "당신은 언제부터 이 분야를 연구하기로 결정하였는가?"라는 질문에 이들의 대답은 놀랍게도 5세 전후였다고 한다. 대한민국의 공대 교수들을 대상으로 같은 질문을 하였다. 이들의 답은 이른 사람은 초등학생 때라는 답도 있었지만 대부분 학부를 마치고 외국 유학을 가서 대학원에서 신학문을 접한 이후 뒤늦게 연구하게 되었다는 교수들이 많았다.

나는 이 조사 결과를 읽으며 왜 대한민국에서 노벨상이 나오기 힘든지 나름대로 짐작해볼 수 있었다. 노벨상 수상자나 공대 교수들이라고 하면 다중지능으로 치면 논리수학지능이 강점지능인 사람들이다. 논리수학지능은 다른 지능들과는 달리 독특한 특성이 있는데, 5세 이후 지속적으로 발달을 하다가 40대에 급속히 능력이 저하된다. 그렇다면 이들은 40대 전에 자신이 이룩해야 할 업적들을 이루어야 하는 사람들이다.

말콤 글레드웰은 그의 저서 〈아웃라이어〉에서 만 시간이라는 시간의 힘을 강조하고 있다. 성공한 사람들은 하루에 3시간씩 10년이란 시간을 들여 각 분야의 전문가가 될 수 있었다는 것이다. 여기에 미하이 칙센트미하이는 10년은 전문가로 만들지만 그 이후 10년이 지나야 창의적인 전문가로서 남들이 할 수 없는 그만의 업적을 내놓을 수 있다고 했다.

그렇다면 5세 전후에 자신의 분야를 발견하고 20년의 시간을 열심히 노력하면 창의적인 전문가가 나올 수 있다는 계산이 나온다. 5세 전후해서 자신의 분야를 찾았던 노벨상 수상자들은 이르면 25세에서 늦더라도 40세 전에 자신의 분야에서 창의적인 성과를 내놓을 수 있다는 점이다. 이에 반해 대한민국은 자신의 분야를 너무 늦게 발견한 나머지 노력을 했다하더라도 40세를 넘길 가능성이 크다. 그렇다면 논리수학지능의 특성상 능력이 저하되는 불리한 입장이 되는 것이다.

대한민국에서 노벨상이 나오려면 아이의 잠재능력을 일찍 발견하여 맞춤교육과 맞춤독서를 통해 아이의 콘텐츠를 개발시키고 심화시켜야 한다. 지금의 교육 과정을 그대로 따라가기만 해서는 늦다. 이 점을 정부에서도 참작하여 과학영재학교나 과학고, 카이스트 같은 곳은 월반제도가 있는 것이다.

묵히면 묵힐수록 깊어지는 문과계열의 학문과는 달리 과학 분야는 능력이 되면 더 빨리 배워서 자신만의 창의적인 성과물로 과학의 발전과 국가 경쟁력 확보에 도움이 되어야 한다. 이런 과정을 실천할 때만이 대한민국도 노벨상을 기대할 수 있을 것이다.

# 성적보다 중요한 건,
# 아이의 평생 학습력이다

▶ ▶ ▶

이제는 평생학습시대이고 무엇을 하든 학습력이 필요하다. 엄밀히 말해 부모들은 아이의 성장보다 성적에 더 관심이 많은 것 같다. 성적은 시험 보는 시점에서 아이가 얼마나 알고 있느냐를 평가하는 것이다. 아이들은 학교에 들어가면서부터 시험을 보며 성적이 늘 따라다닌다. 그러나 살다 보면 초등학생 때 몰랐던 것을 중학생이 되면 자연스레 알게 되는 경우도 있다. 단, 뇌 발달의 차이나 환경에 따라 조금 더디거나 늦게 알 수도 있다. 정작 중요한 것은 아이가 성장하고 있느냐, 그리고 성장을 아이와 부모 모두 기쁘게 받아들이느냐 일 것이다.

성장은 오늘과 내일의 차이이지 남과의 차이가 아니다. 대한민국 교육은 평가를 중요시 여기고 특히 상대방과 비교하는 상대평가가 지배적이다. 그러나 선진국으로 갈수록 절대평가를 하려고 노력한다. 즉 교육 과정의 목표를 기준으로 얼마만큼 달성했는지 평가하고, 스스로가 기준이 되어 시간이 지날수록 어느 정도 성장하는가를 평가하는 것이 더 바람직하다고 본다. 부모가 성적이 아닌 성장에 무게를 둘 때, 아이들은 부모를 신뢰하며 부모가 마련해준 안전지대에서 성장해 나간다. 이때 아이는 자신감을 갖고 도전을 하며 주도적인 삶을 살게 된다.

산업사회에는 노하우know-how가 필요했지만 지식창조사회란 내게 필요한 지식이 어디에 있는지 아는 노웨어know-where 능력이 필요하다. 또한 학습하는 방법(learn-how)을 통해 독창적인 지식을 산출하는 것이 중요해졌다. 지식의 생성되고 소멸되는 시기가 빨라짐에 따라 평생학습을 할 수 있는 마인드가 중요하다.

최근, 지식의 유통기한은 점점 짧아지고 있다. 특히 실용 학문의 경우에는 더욱 그렇다. 지금은 평생학습시대인 것이다. 어찌 보면 자녀들이 배우는 공교육 기간은 대학을 가기 위해 자격을 획득하기 위한 기간이라기보다는 학습하는 방법을 배우는 기간이어야 한다.

성적이 좋아 일류 대학에 갔어도 남이 떠먹여 주는 공부를 하여 스스로 자기주도 학습하는 방법을 모르는 대학생들이 있다는 말을 교수들에게 듣는다. 학습능력이 있는 아이와 성적이 좋은 아이는 다르다. 학교에서 제시하는 교육 과정만을 잘 습득하여 성적이 좋은 학생이 미래사회의 인재일까? 이 역시 재고의 여지가 있다. 성적이 낮다고 해서 학습능력도 낮은 것은 아니다. 단지 자신이 잘 할 수 있는 분야를 만날 기회를 아직 못 잡은 것일 수도 있다.

21세기는 무한 경쟁의 시대이므로 자신의 잠재능력을 개발하며 지속적인 성장을 해야 한다. 무한경쟁의 시대에 남과의 경쟁은 별 의미가 없다. 오히려 성장마인드가 필요한 사회다. 아이들이 지식창조사회에서 제 몫을 하기 위해서는 각자가 '지식의 공장'이 되어야 한다. 지식창조사회는 창의적인 지식을 자원으로 성과를 내야 하는 사회다. 공장에서 신상품을 만들어내기 위해 원료가 필요한 것처럼 지식공장에서 창의적인 결과물을 내기 위해서는 평생학습을 통한 콘텐츠라는 원료가 필요하다.

이제 우리의 아이들은 평생학습을 하지 않고서는 지식의 공장이 될 수 없는 시대에 살고 있다. 평생학습을 하기 위해서는 무엇보다 공부를 즐겁고 재미있다고 생각해야 한다. 미래를 살아갈 아이들을 위해 부모가 도와주어야 할 부분도 이것이다. 지금 당장 성적만을 강조하면 아이들은 공부를 힘들고 피해야 할 것으로 생각할 것이다. 그러나 성장에 무게를 두고 어제보다 오늘 성장한 아이를 칭찬하고 격려한다면 아이에게 공부란 즐거운 것으로 각인될 것이다.

부모는 아이에게 공부는 평생 해야 한다는 평생학습 마인드를 심어주어야 하고, 지금 당장 성적보다는 평생학습자가 될 수 있도록 공부를 좋아하는 아이로 키워야 한다. 평생학습을 통해 지속적인 성장을 이루는 사람은 자신의 진로도 유기체처럼 진화시킬 수 있는 능력을 가져 경력그물망 시대에 자신의 진로 영역을 확장시킬 수 있는 '영역 확장자'가 될 것이다. 지식창조사회는 이러한 인재를 원하기 때문에 평생학습 마인드를 자녀에게 갖게 하는 것은 이 시대를 살아가는 부모의 역할이라 할 수 있다.

평생학습 마인드를 가지려면 성적만을 강요하기보다는 학습에 즐거움을 가질 수 있도록 실수에 너그러워야 하고 시간에 여유로움을 주어야 한다. 사람들은 저마다 꽃피는 시기가 다 다르다. 시간을 정해 놓고 너도 다른 아이들과 같이 꽃피라 할 수 있겠는가? 만약 자녀가 학습의 즐거움을 아는 아이라면 지금 당장 성적이 안 좋아도 기다려볼 일이다. 언젠가는 꽃이 활짝 필 기대와 믿음을 갖고……. 어찌하랴 기다림은 부모의 숙명인 것을.

# 엄마의 뇌 속에
# 다중지능 서랍을 장착하라

▶ ▶ ▶

최근 좋은 대학에 들어가야 성공할 수 있다는 생각을 가진 부모들과는 달리, 자녀의 다중지능을 살려 진로를 설정하고 개발시키려는 부모들이 많이 늘어나고 있다. 산업사회는 각 분야의 시스템 마련이 주요 과업이었으므로 다중지능으로 치면 논리수학지능과 언어지능이 발달된 아이가 유리한 구조였다. 산업사회의 지능관인 IQ도 이 두 영역에 신체지능을 합한 지능도구였기 때문에 IQ가 높은 아이가 학교에서 주요과목도 잘하고, 사회에서 성공할 수 있는 기회가 많았다.

산업사회가 성적순으로 자리매김되는 '한 줄 서기 사회'였다면, 지식창조사회는 다원화 사회로 '여러 줄 서기 사회'이다. 다중지능으로 치면 모든 영역 중 자신의 강점지능을 찾아 역량화하여 각자의 줄에서 최고가 되면 성공할 수 있는 사회가 되었다. 따라서 지식창조사회를 살아가는 부모에게 내 아이를 어느 줄에 세울 것인지 판단하는 것이 중요한 역할이 되었다. 즉 아이의 강점지능이 무엇인지를 찾아 그 지능을 핵심역량화할 수 있는 맞춤식 교육을 통해 인재로 길러내야 한다.

엄마들과 상담을 하다 보면 아이들 옆에서 관찰을 하였지만 내 아이의 재능이 어디에 있는지 찾아내지 못하는 경우가 대부분이다. 다중지능 이론을 모르기 때문인데 관찰한 부분이 어느 강점지능에 해당될지 몰라 적절한 교육을 제공할 수 없다. 그래서 사교육도 이것저것 시키게 되어 경제적으로 손실을 가져오게 된다. 더 큰 문제는 경제적 손실보다 아이의 귀한 시간을 낭비하게 된다는 것이다.

그래서 엄마는 다중지능 서랍을 머릿속에 장착하고, 아이의 행동이나 대화를 관찰하여 해당 서랍장에 넣고 서랍장 중에 관찰한 부분이 가장 많이 쌓이게 되는 그 서랍을 아이의 강점지능으로 보면 된다. 이러한 과정을 진행하다 보면 자연스럽게 아이의 강점지능을 알게 되고, 아이의 잠재능력을 정확히 평가할 수 있게 된다. 이를 위해 선행되어야 할 것이 다중지능 이론을 아는 것이다. 각 영역별 다중지능의 특성을 알아보도록 하자.

## 언어지능

언어의 상징체계(음운, 어문, 의미)를 이해하고 활용하는 능력을 말한다.

### 언어지능의 하위 영역

듣기_ 기존의 지식과 통합해 가며 논리적으로 들을 수 있는 능력

말하기_ 문법과 어휘 인식력

읽기_ 글의 맥락과 논리적 흐름을 파악하는 능력

쓰기_ 글로써 논리적 맥락을 부여하는 능력

### 언어지능을 높이기 위한 활용법

이야기 꾸며 말하기storytelling, 브레인스토밍brainstorming, 테이프 리코딩 tape recording, 시나 일기 쓰기, 문집이나 신문 만들기, 동화 구연, 소리 내어 읽기, 독서, 감정이나 생각을 나누며 대화하기, 토론하기, 동화 들려주기, 유머나 수수께끼 말하기, 외국어 배우기, 낱말퍼즐 만들어보기, 신문기사 써보기, 보고서 쓰기, 자서전 쓰기

### 언어지능이 활용되는 직업

사서, 문서관리인, 편집자, 언어치료사, 번역가, 법률가, 웅변가, 작가, 시인, 문학가, 언론인, 강연자, 기자, 상담가, 교사, 기업인, 변호사, 영업사원, 정치가, 설교자, 성우, 문학평론가, 교수

### 언어지능을 관찰할 수 있는 단서들

상대방의 말을 잘 듣고 이해한다. 말을 조리 있게 한다. 책 읽기를 좋아한다. 이야기 만들기를 좋아한다. 글쓰기를 좋아한다. 단어를 많이 알고 있다. 외국어를 쉽게 배운다. 동화 구연을 잘한다. 토론이나 대화를 좋아하고 잘한다. 끝말잇기 놀이를 좋아한다.


## 논리수학지능

논리 수학적 상징체계(숫자, 기호, 규칙, 명제)를 잘 다루는 능력으로, 문제를 논리적으로 분석하고, 수학적 조작을 수행하고, 과학적인 방법으로 탐구하는 능력이다. 논리수학지능은 논리지능과 수학지능으로 나뉜다.


### 논리수학지능의 하위 영역

수 계산_ 수의 개념을 인식하고 부호화하는 능력(계산능력)

논리적 사고_ 인과 관계의 의미, 인식력(분류화, 범주화, 유추능력)

가설 검증_ 진술문 또는 명제 인식력, 가설을 논리적으로 푸는 능력


### 논리수학지능을 높이기 위한 활용법

분류하기, 소크라테스 문답법 활용하기, 문제의 해법 추정하기, 체계적으로 생각하기, 실험하기, 수학문제 풀기, 생각을 종합하기, 과학 공부하기, 비슷한 점·차이점 분석해보기, 계산하기, 구체적인 사실로부터 일반적인 원칙 발견하기, 퀴즈와 수수께끼 풀어보기, 서랍 정리하기

### 논리수학지능이 활용되는 직업

수학자, 논리학자, 과학자, 회계사, 감리사, 구매대리인, 보험업자, 통계학자, 컴퓨터분석가, 경제학자, 프로그래머, 재정분석가, 공학자, 기술자, 금융인, 전문 기획가, 프로젝트 매니저, 펀드 매니저, 교수, 연구자

### 논리수학지능을 관찰할 수 있는 단서들

숫자나 기호에 민감하게 반응한다. 규칙이 있는 놀이를 좋아한다. 계산을 잘한다. 추리소설이나 탐정소설을 좋아한다. 논리적으로 예측을 한다. 기획력이 있다. 사건이나 사물간의 연관성 밝혀내기를 좋아한다. 어려운 문제를 풀기 좋아한다. 서랍정리를 잘한다. 질문을 잘한다. 논리적으로 생각한다. 과학실험을 좋아한다. 사물이나 추상적인 생각들을 분류하며 범주화를 잘한다. 구체적인 사실들에서 원칙을 발견한다. 수수께끼를 좋아한다. 과학 서적을 좋아한다.


## 음악지능

음악의 상징체계(리듬, 음정, 음색)를 이해하고 창조할 수 있는 능력으로 선율과 화성의 이해, 리듬감, 음색과 조성調性의 변화를 인식할 줄 아는 능력, 음악작품의 구조를 이해하는 능력을 말한다.

### 음악지능의 하위 영역

부르기_ 멜로디, 박자의 인식력

연주_ 악기와 악보의 인식력

작곡_ 작곡의 원리 인식력

감상_ 곡의 장르와 내용 인식력

## 음악지능을 높이기 위한 활용법

노래하기, 리듬치기, 소리 나는 음을 따라 하기, 노래 만들기, 음악 감상하기, 시를 노래로 바꾸기, 악기 배우기, 화음으로 노래하기, 음에 맞추어 콧노래하고 손뼉 치기, 합창하기, 랩 만들어보기

## 음악지능이 활용되는 직업

음향학자, 음악치료사, 피아노 조율사, 작곡가, 연주가, 성악가, 지휘자, 음악 비평 가, 무용수, 연예인, 음향효과 기술자, 광고음악 작곡가

## 음악지능을 관찰할 수 있는 단서들

청음능력이 있다. 박자감이 있다. 노래를 좋아하고 잘 부른다. 악기 연주를 잘한 다. 악보를 볼 줄 안다. 음악 감상을 좋아한다. 작곡을 할 줄 안다. 노래 만들기를 좋아한다. 암기할 때 노래로 만들어 기억한다.

## 공간지능

대규모, 소규모, 삼차원, 이차원 공간에 대한 이해력이 높으며 공간 세계에 대한 정신적 모형을 만들어 그것을 자유롭게 조절하고 사용하는 능력을 말한다.

## 공간지능의 하위 영역

공간요소관계_ 공간관계(원근, 방향, 길이)를 효과적으로 표현하는 능력
평면예술_ 평면에 공간적인 특성을 표현할 수 있는 능력
공간 및 입체예술_ 입체감 있게 구성할 수 있는 능력

## 공간지능을 높이기 위한 활용법

그림그리기, 그래프 또는 심상image으로 그려보기, 장기놀이, 체스, 미술, 지도 찾기, 길 찾기, 다른 각도에서 대상을 시각화, 위치 찾기, 얼굴 또는 장면을 인지, 세부식별, 청사진 판독, 잠깐 머물렀던 방에 있던 물건들의 위치 기억해내기, 어울리게 옷 입기, 포스터 만들기, 사진 찍기, 머릿속으로 모양 상상하기, 3차원조각 맞추기, 미로 찾기, 그림으로 이야기 그려보기, 조각하기, 컴퓨터로 그리거나 색칠하기, 영화나 비디오 보기, 약도 그리기, 퍼즐

## 공간지능이 활용되는 직업

조각가, 바둑기사, 체스선수, 그래픽 아티스트, 건축가, 엔지니어, 측량기사, 도시 계획자, 인테리어 장식가, 발명가, 지도제작자, 비행사, 사냥꾼, 탐험가, 지질학자, 외과 의사, 화가, 의상 디자이너, 설계사, 그래픽 디자이너, 운전기사, 가상공간 시뮬레이션 제작자

## 공간지능을 관찰할 수 있는 단서들

모형 만들기를 좋아한다. 레고 조립을 좋아한다. 길을 잘 찾는다. 그림을 잘 그린다. 설계도를 보고 건물을 떠올린다. 건물을 보고 설계도를 그릴 수 있다. 약도를

정확히 그린다. 자기 방을 꾸미기 좋아한다. 바둑이나 체스를 잘 둔다. 지도를 잘 본다. 방향감각이 있다. 캐릭터를 잘 그린다. 외모를 잘 꾸민다. 독후감보다는 독후화를 더 좋아한다. 미술도록, 건축 관련 서적이나 잡지 보는 것을 좋아한다.

## 신체운동지능

인간의 몸 전체 혹은 손이나 입 같은 신체의 일부를 사용해 문제를 해결하거나 무엇을 만들어내는 능력이다.

### 신체운동지능의 하위 영역

운동_ 운동을 할 때 필요한 요소(힘, 리듬, 속도)들을 활용해 균형감 있게 적용할 수 있는 능력

신체작업_ 도구를 적절히 활용할 수 있는 능력

신체예술_ 다양한 신체동작을 은유적으로 표현할 수 있는 능력

### 신체운동지능을 높이기 위한 활용법

신체 동작으로 표현하기, 연극과 동작으로 표현하기, 조립하기, 손가락 등 신체를 활용하여 활동하기, 조깅, 동작과 움직임 따라하기, 수화 배우기, 연극, 스트레칭, 요가, 줄넘기, 걷기, 안무하기, 팬터마임, 말하지 않고 의사소통하기

### 신체운동지능이 활용되는 직업

운동선수, 발명가, 기술자, 물리치료사, 레크리에이션 지도자, 배우, 모델, 농부, 기계 수리공, 목수, 도예가, 보석세공사, 노동자, 마술사, 무용가, 기악가, 연기자,

피아니스트, 사격선수, 기능공, 과학자, 기술 관련 일을 하는 사람, 체육인, 건축업자, 안무가, 엔지니어, 스포츠해설가, 체육학자, 외과의사, 공학자, 물리치료사, 군인, 스포츠에이전트, 산악인, 치어리더, 경찰 경호원, 조각가, 정비기술자, 카레이서, 파일럿, 요리사

**신체운동지능을 관찰할 수 있는 단서들**

문제해결 시 몸을 사용한다. 소근육이나 대근육의 사용을 잘한다. 흉내를 잘 낸다. 작은 물건을 잘 집는다. 젓가락질을 잘한다. 무거운 물건을 잘 든다. 몸으로 정서를 표현한다. 운동을 좋아한다. 균형을 잘 잡는다. 춤을 잘 춘다.

## 대인지능

인간친화지능이라고도 하는데 각 개인의 차이점을 알아차릴 수 있고 사람들의 기분, 성향, 동기, 의도를 알아내는 능력과 사람을 효과적으로 이끌거나 따르는 기술, 중재능력 등이 포함된다. 대인관계에서 생기는 문제를 잘 해결하고 원만한 대인관계를 만들어나가는 능력으로, 다른 사람들은 어떤 방식으로 일하는지, 어떻게 하면 다른 사람들과 협력할 수 있는지를 정확하게 판단하므로 타인과 효과적으로 일을 할 수 있는 능력이다.

**대인지능의 하위 영역**

개인 관련_ 타인을 이해하고 다룰 수 있는 능력
집단 관련_ 집단의 특성을 이해하여 문제를 해결하고 이끌어갈 수 있는 리더십

## 대인지능을 높이기 위한 활용법

친구 사귀기, 공동 작업하기, 상대방의 입장 되어보기, 학급임원으로 일하기, 의견 차이를 조정하여 합의에 이르는 연습하기, 다른 사람을 평가하지 말고 있는 그대로 대하기, 부모님과 대화하기, 다른 사람의 말을 잘 들어주기, 다른 사람 가르쳐보기, 봉사활동, 여행

## 대인지능이 활용되는 직업

사회사업가, 상담가, 자원봉사자, 교사, 임상가, 세일즈, 홍보, 종교지도자, 정치인, 마케터, 치료사, 경영인, 웨딩플래너, 호텔경영자, 정신과의사, 법조인, 배우, 이벤트 사업가, 외교관, 정치가, 호텔리어, 방송프로듀서, 간호사, 개그맨, 유치원교사, 경찰관, 비서, 학습지교사, 승무원, 판매원, 선교사, 컨설턴트, 펀드매니저, 관광가이드

## 대인지능을 관찰할 수 있는 단서들

친구를 좋아하고 친구가 많다. 사람의 감정을 잘 파악한다. 친구들과 싸우면 원만하게 해결한다. 상대의 의도를 잘 파악한다. 표정을 읽는 능력이 있다. 엄마와 관계가 좋다. 친구들을 잘 이해한다. 공감을 잘한다. 사람을 편하게 만든다. 유머가 있다. 친구들과 함께 공부하는 것을 좋아한다. 돕는 것을 좋아한다. 협동 작업을 좋아한다. 사건보다 사람을 기억한다. 위인전을 좋아한다.

## 대내지능

자아성찰지능이라고도 하는데 자신의 장단점, 특기, 희망, 지능, 관심 등을 잘 파악하며 감정을 잘 알고 다스리는 능력이다. 대내지능이 높은 사람은 자신의 행동을 이해하고 자신의 욕망, 두려움, 재능 등을 잘 다루어 현명한 삶을 살아갈 수 있다. 또한 대내지능은 모든 능력들을 활성화시키는 동인으로 한 분야의 리더가 되기 위해 첫 번째로 갖추어야할 지능이다.

### 대내지능의 하위 영역

감정인식_ 자기감정에 대한 조절력
능력인식_ 자신의 능력을 인식하고 조절하여 계발하는 능력
미래계획_ 미래를 위해 감정과 행동을 조절하고 준비하는 능력

### 대내지능을 높이기 위한 활용법

해야 할 일 계획, 명상, 기도, 일기 쓰기, 자서전 쓰기, 자신이 쓰는 말 돌아보기, 기분이나 감정의 변화 알기, 다른 사람과의 관계 속에서 내 행동 돌아보기, 일의 우선순위 정하기, 삶의 목표 생각하기, 자신이 지켜야할 행동의 원칙 생각해보기

### 대내지능이 활용되는 직업

내적 성찰력을 가진 예술가, 철학자, 의학자, 법률가, 학자, 심리학자, 정신분석학자, 성직자, 문학가, 사업가, 각 분야의 지도자

### 대내지능을 관찰할 수 있는 단서들

자신의 미래에 대해 관심이 많다. 장단점을 잘 안다. 감정조절능력이 있다. 자신이 무엇을 원하는지 안다. 매사에 전략을 가지고 행동한다. 계획을 잘 세운다. 시간 관리를 잘한다. 자신이 하는 행동의 원인을 안다. 자신의 능력을 잘 안다. 일기를 쓴다. 종교활동을 한다. 일의 우선순위를 알고 행동한다. 반성을 잘한다. 심리학이나 철학 서적을 좋아한다.

## 자연지능

식물, 동물, 광물 등의 공통점을 찾거나 분석하는 능력으로 자연뿐 아니라 다양한 문화적 산물의 공통점 또는 차이점 등을 인식하는 능력이다. 엔진 소리만 듣고 자동차의 종류를 구별한다거나, 머리 스타일을 구별하거나, 생물체의 유형을 인지하는 능력 등이 이에 해당된다. 그 밖에 자연 안에서 편안함을 느끼거나 다양한 생물체들을 돌보고, 기르며, 자연과 민감하게 상호작용하는 능력 등도 포함된다.

### 자연지능의 하위 영역

동식물, 광물에 대한 인식 및 문제 해결
동식물 등이 갖고 있는 문제를 해결할 수 있는 능력

### 자연지능을 높이기 위한 활용법

환경 관련 단체 가입하기, 분리수거하는 이유를 생각해보기, 별과 우주 관찰하기, 자연에 관한 비디오 보기, 식물과 동물의 특징을 나열하고 그 변화과정 서술하기,

엄마의 학교

식물 기르기, 나무 심기, 애완동물 기르기, 자연캠프 참여하기

## 자연지능이 활용되는 직업

동식물 연구가, 생물학자, 환경학자, 수의사, 풍경화가, 정물화가, 과학자, 분류학자, 생태학자, 의사, 조리사, 조련사, 유전공학자, 농화학자, 조류학자, 천문학자, 고고학자, 한의사, 약사, 환경운동가, 농장운영자, 조련사, 요리평론가, 식물도감 제작가, 원예가, 약초연구원, 화원경영자, 생명공학자, 요리사

## 자연지능을 관찰할 수 있는 단서들

자동차 구분을 잘한다. 사람을 특징으로 기억한다. 타이어를 보고도 자동차 이름을 말한다. 동물이나 식물 기르기를 좋아한다. 애완동물과 의사소통을 한다. 자연 속에서 노는 것을 좋아한다. 공룡의 이름이나 형태구별을 잘한다. 식재료 구별을 잘한다. 동식물의 이름을 많이 안다. 돌의 종류와 이름을 안다. 패턴을 잘 기억한다. 요리를 좋아한다. 식물, 곤충 도감 보기를 좋아한다.

# 관찰에 인색한 엄마들이 가져야 할 태도

▶ ▶ ▶ ▶

자녀의 관찰에 인색했던 엄마들은 자녀가 초등학교 4학년 정도가 되면 마음이 급해진다. 뭔가 결정을 하여 가르쳐야 하는데 도무지 아는 것이 없어 답도 안 나오고 괜스레 아이 탓만 한다.

"뭐라도 특출난 것이 있어야 밀어주지. 그렇다고 공부나 잘하나? 아이고 답답해!" 가정마다 이러한 경우가 대부분인지 케듀맵 연구소에는 4학년 학부모들이 많이 찾아온다. 검사를 해도 상담시 엄마의 관찰 정보가 필요한데 정보가 많지 않다는 것이 문제다. 이런 엄마들은 결국 수능이 끝나면 점집을 찾아간다. 자녀가 귀하다고 선생님이 교육적으로 혼내는 것도 못 보는 엄마들이 그렇게 귀한 아이들의 인생을 전문가도 아닌 점 보는 사람에게 떡하니 맡기는 셈이다.

진로상담을 하면서 내가 가장 의문이 들었던 것은 엄마들이 자녀를 낳고 함께 살았음에도 불구하고 자녀의 진로에 관련된 기억들이 적다는 것이다. 물론 시간이 오래 지나서 잊었을 수도 있다. 그러나 그런 수준이 아니다. 그래서 나는 심할 경우 "어머니, 혹시 자녀를 키울 때 직장에 나가셨나요?" 하고 물을 때도 있었다. 정도의 차이는 있지만 왜 이런 현상이 나타나는 것일까? 의문을 품었었다. 엄마들과 상담과 강의를 하면서 의문이 풀렸지만 말이다. 엄마들의 말은 이랬다.

"아이들이 장난감을 가지고 놀거나 무언가에 집중해 있으면 손이 안 가잖아요. 그래서 이때다 싶어 친구와 전화하기도 하고, 밀린 일을 하기도 하고, 어떤 때는 잠도 자곤 했어요."

사실 다중지능은 유아기 때 관찰하기 가장 쉽다. 이 시기 아이들은 주로 놀이를 한다. 놀이는 관심이나 흥미가 없거나 능력이 안 되면 할 수 없기 때문에 놀이를 주로 하는 유아기는 엄마의 관찰이 가장 필요한 시기다. 그런데 자녀의 입장에서 엄마에게 자신의 진로를 펼쳐 보이는 이 시기에 엄마는 아이가 무슨 놀이를 어떻게 했는지 관찰하지 못한 것이다.

엄마들은 사회성 발달을 위해서란 명목으로 유아원을 보내놓으니, 가장 기분이 좋고 활발하여 놀이에 열중하는 오전에 자녀를 관찰할 수 없다는 게 문제다. 심지어는 종일반에 맡겨져 집에 온 아이는 엄마에게 붙어 엄마의 사랑을 갈구하건만 엄마는 그런 아이가 버겁기만 할 뿐이다. 내가 말하는 자녀의 진로지도를 도와주는 엄마는 자녀의 진로를 이끌어주는 엄마가 아니다. 자녀가 자기이해를 정확히 할 수 있도록 어렸을 때 관찰을 하였다가 "너는 이런 놀이를 좋아하더라. 그리고 너는 이런 것에 관심이 있었고, 이런 말도 했었어"라는 정보를 자녀에게 해주어야 한다는 것이다. 그래서 자녀가 정확한 자기이해를 통해 직업에 대한 정보를 갖고, 의사소통기술이나 건전한 진로관을 형성하면서 진로성숙도를 높여 자신의 진로를 스스로 개척하는 사람이 되도록 도와주는 것이 엄마의 역할이다.

나는 이 세상에서 가장 불쌍한 사람이 엄마, 아빠가 없는 사람이라고 생각한다. 나의 귀한 어린 시절을 기억해줄 사람이 없다는 것, 내가 앞으로 어떻게 살아가야 하는지 삶의 지침과 방향을 안내해줄 사람이 없다는 것이 너무 불쌍하다. 나의 정체성을 이 세상 어디에서도 찾을 수 없기 때문이다. 이들은 부모가 없어서 그렇다 치더라도 엄연히 옆에 존재하면서도 나의 어린 시절을 기억해주지 못한다면 자녀의 심정은 어떨까? 생후 5년간 잘 돌보면 이후 50년이 편하다는 말이 그래서 나온 것은 아닐까.

그러나 늦지 않았다. 지금이라도 자녀가 하는 행동과 말을 놓치지 않으면 된다. 미안한 심정으로 앞으로 엄마 노릇 잘하겠다고 용서를 구하면 어떨까? 엄마도 그때는 처음 아이를 키워 잘 몰랐다고. 이제는 너의 모든 것을 엄마가 기억하고 싶다고 그러니 엄마와 대화도 많이 하고 엄마와 시간을 많이 갖자고. 아이들은 엄마가 용서를 구하는 순간 놀랍게도 용서를 해준다. 이 세상 누가 이렇게 쉽게 용서해줄까? 오늘이라도 한 번 해보자. 설령 아이가 쉽게 용서하지 않는다면 서운해하지 말고 그간 엄마 때문에 정말 힘들었다는 것을 인정하자.

"지금은 당장 엄마를 용서하는 것이 힘들겠지만 엄마도 노력하고 기다릴게. 사랑한다. 그리고 엄마가 미안해!"

용서를 빈다는 것은 참으로 묘한 힘을 가지고 있다.

관찰은 훈련이다. 훈련은 의지, 시간, 방법, 실천이란 네 단계를 밟아야 한다. 그동안 강의를 통해 나름대로 엄마들에 대한 결론을 내린 것이 있다. 실천이 안 된다는 것이다. 어떤 엄마들은 방법 좀 알려달란다. 알려주면 시간이 너무 많이 든단다. 이 모든 것을 종합해보면 '의지가 없음'이다.

의지가 있으면 시간을 내게 된다. 시간을 내어 자녀를 관찰하다 보면, 각 자녀에 맞는 방법이 떠오른다. 일단 실천을 해보면 그 방법이 옳은지 아닌지가 파악된다. 맞으면 그대로 행하고 아니면 다른 방법을 찾으면 된다.

그런데 왜 엄마들은 이와 같은 훈련의 순서를 밟지 않고 방법만 알려달라는 것일까? 관찰은 훈련인데 방법만을 알려달라는 엄마들에게 묻고 싶다. 당신은 진정으로 자녀를 사랑하느냐고. 정말 사랑한다면 시간을 내어야 한다. 시간을 줄이기 위한 효율성이 마음을 지배한다면 그건 사랑하지 않는 것이다.

인생은 그렇게 호락호락한 것이 아니다. 하나의 문을 통과하는 경험을 해야 그 다음 문이 열리고 또 그 다음 문이 열린다. 단번에 뛰어넘을 인생사는 없다고 들었다. 인생이 훈련이고, 관찰이 훈련이라면 훈련의 과정을 거쳐 근육을 키우듯 시간을 내어 '관찰력'을 키워야 한다.

그래야 자녀가 보인다. 그때 천재처럼 순식간에 떠오르는 것이 자녀에게 적용할 방법들이다. 자녀를 사랑하는 마음을 가지고 시간을 낸 연후에 방법은 영감처럼 선물로 엄마에게 오는 것이다.

자녀를 사랑한다면 처음부터 출발하자. "나는 정말 자녀를 사랑하는가?" 답이 Yes!라면 "나는 정말 자녀의 진로를 도와주는 엄마가 되고 싶고, 자녀에게 시간을 내어 관찰을 할 의지가 있는가?" 또 Yes!라면, 이제부터는 모든 것을 시간의 힘에 내맡기자.

시간도 에너지가 있어 애정을 주며 양이 쌓이다 보면 질적으로 화학적 변화를 하는 순간이 온다. 이때 주는 선물이 방법인 것이다. 방법이 떠올랐다면 그 다음은 쉽다. 그저 해보면 된다. 이것이 자녀를 관찰하기 전에 엄마가 가져야 할 가장 중요한 '관찰 마인드'인 것이다.

# 사랑한다면
# 미켈란젤로처럼

▶▶▶

관찰이란 '집중해서 생각하기' 즉 '명상'이다. 자녀의 특성을 알아낸다는 것은 자녀를 집중적으로 생각하는 것이고, 이는 명상과 다름없다. 미켈란젤로는 이러한 명상을 통해 위대한 예술 작품을 탄생시킨 르네상스의 거장이다.

르네상스 시대의 예술가들은 자신의 자유로운 창작력을 마음껏 발휘해볼 수 있었다. 특히 이탈리아는 유럽의 어느 나라보다 예술가의 자유를 존경하고 지원했다. 이탈리아 조각가들은 자신의 마음속에 떠오르는 주제가 생기면 그 주제에 알맞은 대리석을 사다가 자신에게 떠오른 영상대로 파나가기 시작하여 작품을 완성하였다.

그러나 이탈리아의 천재적인 예술가인 미켈란젤로는 그 당시 다른 조각가와는 작업 방식이 달랐다. 그는 만들어야 할 주제를 떠올리기보다는 우선 대리석 산에 가서 몇 일이고 몇 달이고 대리석을 응시하곤 했다. 그러다 대리석에서 어떤 형상이 떠오르면 미친 듯이 파나가기 시작하여 작품을 완성하곤 하였다. 그는 이렇게 자신의 작품을 설명했다. "나는 대리석에서 형상들이 나오기를 기다리다 드디어 형상이 나타나면 그 형상대로 미친 듯이 파나갔고, 그것이 어느 날에는 노예의 형상으로 또 어느 날에는 말의 형상으로 나타나 작품이 되었다."

즉 미켈란젤로는 자신의 의도대로 작품을 만든 것이 아니라, 각각의 대리석이 말하는 대로 대리석의 특성에 맞게 대리석에서 형상을 끄집어내어 조각 작품을 만들어낸 것이다. 미켈란젤로는 집중적인 관찰 즉 명상을 통해 대리석에서 꿈틀거리는 형상을 끄집어내어 대리석이 시키는 대로 조각한 조력자였던 것이다.

그는 많은 시간이 지난 지금에도 우리를 감동시키는 대표적인 작품들을 남겼다. 〈천지창조〉, 〈최후의 심판〉과 같은 벽화 외에도 〈다윗〉, 〈피에타〉의 조각 작품으로 기억되는 천재 예술가 미켈란젤로. 그의 예술에 대한 태도는 그가 남긴 수많은 작품 못지않게 우리에게 의미하는 바가 크다.

그와 동시대를 살았던 조각가들의 이름을 우리는 다 기억해내지 못한다. 우리는 미켈란젤로만을 기억할 뿐이다. 이처럼 명상을 통해 대리석이 시키는 대로 작업을 했던 미켈란젤로는 르네상스 시대의 3대 거장으로 우리들의 기억 속에 각인되어 있다. 미켈란젤로의 예술 창작에 대한 태도를 통해 자녀를 기른다는 것은 무엇인가에 대해 생각해

보게 된다.

우리는 사랑하는 자녀를 이렇게 키워야지 하는 자녀에 대한 교육관을 갖고 있다. 그 의도에 따라 모두 열심히 자녀를 교육하고 키운다. 그러나 자녀의 개성과 취향이 고려되지 않고 부모의 의도로만 자녀를 키운다면, 르네상스 시대에 자신의 의도로 작품을 만들었던 조각가들처럼 이름은커녕 위대한 작품도 남길 수 없을 것이다. 그러나 자녀의 존재 그 자체를 인정하고, 자녀의 특성을 명상과 같은 집중적인 관찰을 통해 자녀가 가진 가능성을 드러낼 수 있도록 돕는다면 미켈란젤로처럼 자녀를 위대한 걸작으로 만들 수 있는 부모가 될 것이다.

미켈란젤로가 위대한 것은 미약한 인간의 힘으로 무언가를 하려 했던 것이 아니고, 자연이 가지고 있는 신의 손길을 그대로 드러내려 했던 겸손함이었다. 이제 우리 부모들도 신의 솜씨를 거부하고 인간인 부모 자신의 힘으로 무언가를 만들어내려는 오만함을 거두어야 할 때가 되지 않았을까. 이제 인간의 손길을 거두고 신의 손길에 겸허한 자세로 신이 주신 자녀의 의미를 받아들여야 할 때다.

엄마의 학교

5

# 창의인재로
# 키우는
# 미래교육법

# 3단계 미래교육
# 로드맵이 무엇인가

▶ ▶ ▶

아이들은 누구나 위대한 인물이 될 씨앗을 가지고 태어나지만 부모의
평범한 교육이 아이를 망친다. 10년 후, 20년 후를 보지 못하고 다음
달 월말고사, 이번 학기 기말고사같이 잘해야 몇 달, 길어야 1년을 바
라보고 하는 교육에 아이의 천재성이 시들어버린다. 남들과 같은 교육
은 남들과 같은 결과를 이끌어낸다. 아이를 남다른 인물로 키워내고
싶다면 남다른 교육을 해야 한다. 지금까지의 평범한 교육을 버리고
이제 제시하는 새로운 교육법을 시도해보면 어떨까?

부모가 자녀에게 해야 할 가장 중요한 일은 자녀의 잠재능력을 파
악하고 이를 개발해주어 사회에 기여할 수 있는 성인으로 성장시켜
스스로 행복감을 느낄 수 있도록 도와주는 것이다. 이 과정에는 교육

엄마의 학교

도 있을 것이고 학과 선택과 직업 선택도 있을 것이다. 이를 위해서는 지금과 같은 획일주의적 학교 교육을 통해서는 자녀의 잠재능력이 최대한 발휘되기 힘들다.

그렇다면 가정에서 해줄 수 있는 부모의 미래교육은 어떠한 형태로 진행되어야 할까?

내가 근거로 삼은 것은 미하이 칙센트미하이의 이론으로 창의적인 성과물을 내었던 사람들이 로드맵으로 활용하였던 'IDF 이론'이다. 이것은 창의적인 성과물을 내었던 성공하는 사람들은 그만의 독특한 개성 I(Indivisuality)를 가지고 있으며, 이 I를 개발하기 위한 영역인 D(Domain)에서 교육을 받으며 I를 개발하는 과정을 거쳤고, 자신만의 콘텐츠를 개발한 후 이를 발휘하여 그 영역의 전문가들에게 평가를 받는 과정인 F(Field)에서 인정을 받는 단계를 거친다는 이론이다.

이에 근거하여 우선 부모는 관찰과 검사 등을 통해 자녀의 잠재능력을 평가해야 한다. 평가가 되었다면 자녀 각각에 적합한 맞춤 교육과정을 제공해야 하며, 이를 통해 콘텐츠가 쌓이게 되면 지역사회와 연결된 체험과 경험의 기회를 주어 사회에서 인정받을 수 있도록 해야 한다. 이를 통해 지금까지 해온 것들이 자신에게 맞는 것이었는지를 확인할 기회를 주는 것이다.

이를 위해 부모는 '평가전문가(assessment-specialists)'가 되어야 한다. 자녀의 능력과 관심 분야와 흥미가 어디에 있는지 다양성을 인정하며 정확하게 파악해야 한다. 그러려면 '공정한 지능 평가도구

(intelligence-fair method)'가 필요한데 기존의 지능지수 IQ와 같은 도구는 언어와 수리능력, 신체능력만을 주로 평가하고 있으므로 합당한 도구가 아니다. 따라서 다양한 측면에서 평가할 수 있는 다중지능이 적합하다. 다중지능은 8개의 측면에서 자녀의 다양한 능력을 평가할 수 있다는 장점을 가지고 있다. 부모는 관찰과 대화를 통해 자녀의 다중지능을 파악할 수 있을 것이다. 부모가 다중지능을 이해하고 있다면 자녀 교육에 있어 이보다 정확한 도구는 없을 것이다.

부모는 평가전문가 이외에 '맞춤식 교육 과정 제공자'여야 한다. 자녀의 강점지능에 맞는 교육 과정을 제공해주어, 잠재능력이 개발될 수 있도록 도와주어야 한다. 이유는 다중지능 프로파일은 개인마다 다 다르기 때문에 같은 내용과 방식으로 배워야 할 필요는 없기 때문이다.

이와 더불어 부모는 '지역사회 연결자'가 되어야 한다. 자녀에 대한 올바른 평가가 내려졌고, 이에 따른 맞춤식 교육 과정을 제공했다면 직접 사회에서 경험해볼 수 있는 체험의 장을 마련해주어야 한다. 그 분야 전문가들과의 만남을 통해 보다 전문적인 평가를 받도록 하고 공모전이나 경시대회 등을 통해 객관적 평가를 받을 수 있도록 주선해주어야 한다. 이러한 경험이 있어야만 평가가 정말 정확했는지, 그에 맞는 교육 과정은 제대로 제공되었는지, 아이의 수준은 지금 어느 정도인지를 파악할 수 있기 때문이다. 자녀도 이런 체험을 통해 자신이 정말 원하는 분야인지 해낼 수 있는 분야인지를 스스로 인식하고, 만약 자신에게 맞는다는 것을 알게 되는 순간 학습동기가 강하게 부여될 것이기 때문이다. 따라서 내 아이를 위한 미래교육에 있어 부모는 평가전문가, 맞춤식 교육 과정 제공자, 지역사회 연결자로 이어지는 세 가지 단계를 거쳐야 한다.

IDF를 미래교육에 접목하여 얻게 되는 이득에는 무엇이 있을까? 무엇보다 성적 위주의 경쟁 체제에서 학부모 불안감을 덜어주고, 내 아이를 있는 그대로 보고 존중할 수 있는 신념을 준다. 성적이 좋은 아이의 부모들도 공부만 해서는 안 될 것 같은 불안감이 있다. 이 이론에서 '공부 외에 무엇을 어떻게 준비해야 하나?'에 대한 답을 얻을 수 있다. 누구나 공부 외에 아이의 재능을 발견하고 키워주고 싶어한다. 그런데 그 방법을 몰라 그냥 공부에 매달리고 있는 상황에서 체계적인 교육 로드맵을 제시해준다.

궁극적으로는 부모와 자녀의 마음이 편해진다. 부모는 자녀를 존중하고, 가능태로 인식하며, 자녀의 삶을 수용하게 되어, 믿음을 가지고 기다릴 수 있게 되며, 무엇보다 자녀와 관계가 좋아지게 될 것이다.

# 미래교육 1스텝:
# 아이의 적성을 발견하라

▶ ▶ ▶

미래교육 3스텝의 1단계부터 시작하면 된다. 엄마는 평가전문가가 되어 관찰과 검사로 아이의 적성을 찾아내야 한다. 자녀가 초등학생이라면 좀 더 자유롭게 학기 중 시간과 방향을 활용할 수 있고, 중학생이라면 자유학기제를 이용하여 관심이 가는 분야의 체험을 하며 자신에게 맞는 분야가 어떤 분야인지 탐색과정을 거치면 된다.

다중지능검사를 비롯해 진로탐색 검사를 실시하여 전문가의 도움을 받는 것도 평가과정을 빨리 거치는 하나의 방법이다. 최근 부모들로부터 자녀와 친구들을 모아 다중지능검사와 진로교육을 개인적으로 의뢰하는 경우가 늘고 있다. 대개 토요일이나 일요일, 또는 방학을 이용해 문의가 오며 의뢰한 가정에서 이러한 방식으로 진로교육이 진행되고 있다. 이들 부모를 보면서 자녀의 진로에 관심을 갖고, 조기에 적성을 발견하여 아이들의 콘텐츠를 쌓아주려는 부모들이 최근에 많아지고 있다는 것을 나는 느낀다.

반면 '아이가 학교에서 공부를 잘하면 미래가 보장되겠지'라는 안이한 생각을 가진 부모들도 있어 부모가 자녀의 진로를 대하는 태도에 의해서도 미래의 양극화가 나타날 수도 있음을 최근 들어 더욱 느끼고 있다. 사실 진로에 대한 관심은 빠를수록 아이의 미래에 도움이 된다는 것은 확실하다.

자신이 갈 분야가 정해지지 않은 아이들이라고 해서 적성 발견에만 시간을 보낼 수는 없다. 이런 아이들은 기초소양과 기초역량을 기르며 진로를 찾아갈 수 있는 탐색의 시간을 갖는 것이 엄마로서 매우 현명한 태도임은 두말할 필요조차 없다.

· 각종 진로 관련 검사를 통해 전문가와 상담한다.
· Play Museum을 활용하여 아이가 어느 섹션에서 시간을 가장 많이 보내는가를 관찰한다.
· 직업 종사자와의 만남을 통해 아이의 관심을 살피고, 구체적인 이야기를 들어볼 시간을 갖는다.
· 직종별 직업 탐방을 통해 직업에 대한 이해의 시간을 갖는다.
· 강점지능을 활용한 사교육으로 강점지능을 역량화할 수 있는지 여부를 확인한다.
· 다양한 예술 분야 감상 및 체험을 통해 자신의 분야와 관련지을

수 있는가 판단한다.

· 다양한 독서로 관심 분야 탐색과 기초소양을 쌓는다.

· 선생님, 친구, 친척 등 지인들의 평가를 통해 아이를 관찰한 의견을 묻는다.

· 직업보다는 진로키워드로 접근한다. 진로키워드는 직업보다 큰 개념으로 가르치는 분야, 사업 분야, 행정 분야와 같은 것이다. 구체적인 직업을 찾지 못했다면 진로키워드로 접근하는 것도 매우 유용하다.

· 다양한 경험을 통해서도 알 수 있다. 경험을 할 때 어디에 집중하고, 어떤 영역을 할 때 좋아하는지 등을 살펴볼 수 있다.

· 인문학 고전 독서, 위인전 등으로 삶에 대한 태도 형성과 동기부여를 돕는다.

· 동영상, 강연 등을 통해 동기부여, 도전정신과 열정을 불러일으키도록 한다.

· 멘토스쿨, 외부 동아리를 활용한다. 열심히 목표를 갖고 살고 있는 사람들과의 교류를 통해 동기를 부여하고 삶의 목적을 갖도록 한다.

· 다양한 경험을 할 수 있는 교육기회를 제공한다. 연주회, 공연, 미술관, 체육 활동, 취미 활동을 통해 자신이 무엇을 좋아하고 잘하는지 파악할 수 있는 기회를 갖게 된다. 다양한 경험은 융합을 할 때 윤활유가 될 것이다.

· 여행을 통해 고통 극복과 자신과 직면하는 성찰의 시간을 주어야

한다.

· 한가한 시간이 필요하다. 시간이 많을 때 자신과 만나게 된다. 가장 좋은 것은 자신과의 대화를 통해 본인의 가슴이 뛰는 일과 자신이 평생해도 즐거운 것 같은 일이 무엇인지 찾는 것이 필요하다. 본인의 인생관과 부합하면 더 좋다.

· 인적자원을 활용한다. 주변 인적자원과 친지가정 방문, 캠프를 통해 전혀 다른 환경, 새로운 친구의 삶을 통해 배우도록 한다.

· 개인대학을 설립했다 생각하고 자신만의 콘텐츠를 쌓으며 글로 적어본다.

· 대학생이라면 복수전공, 공동학위, 부전공, 교환학생 프로그램, 인턴십을 활용한다.

· 종교활동을 통해 영성지능을 확인해본다. 미래에는 영성을 활용한 사업 분야가 많아진다.

# 미래교육 2스텝:
# 맞춤식 교육 과정을 제공하라

▶ ▶ ▶

조각가는 재료가 나무가 되었건 석재가 되었건 원하는 조각상을 위해 대충 윤곽을 잡는다. 그리고 도끼로 쳐내는 것은 조수나 기계를 사용할 수 있다. 그러나 세밀한 묘사를 위해 마지막 부분만큼은 조각가의 정교한 조각칼로 조각가 스스로 작업을 해야 그가 원하는 작품을 만들어낼 수 있다. 이러한 작업과정을 자녀를 기르는 교육에 비유하자면 도끼로 쳐내는 것은 공교육으로, 조각칼을 이용해 세밀한 묘사를 하는 것은 가정에서 엄마가 해줄 수 있는 맞춤식 교육에 비유할 수 있을 것이다.

어느 날 한 제자가 공자에게 "좋은 말을 들으면 바로 행동에 옮겨야

엄마의 학교

합니까?"라고 물었다. 공자는 "어떻게 바로 행동에 옮기려 하는가. 좀 더 신중을 기하라"고 답했다. 다음 날 다른 제자가 찾아와 똑같은 질문을 했다. 그런데 공자는 전날과 달리 "그렇지. 실천이 중요한 것이다"라고 답했다. 이를 의아하게 여긴 또 다른 제자가 공자에게 물었다. "선생님, 어찌하여 같은 질문에 서로 다른 답을 주십니까?" 제자의 질문에 공자는 첫 번째 제자는 너무 덜렁대니 신중하라고, 두 번째 제자는 너무 소극적이니 과감해지라고 그리 답을 주었다 했다. 수많은 제자를 양성한 공자이지만 저마다의 타고난 소질과 성품을 고려하여 그에 맞는 최상의 가르침을 준 것이다. 공자의 철학과 지혜가 담긴 이 교육법을 '인재시교因材施敎'라고 한다.

아이들은 모두 다른 모습, 다른 재능, 다른 성격을 가지고 태어난다. 태어날 때부터 그릇의 크기가 다른 아이들이기에 똑같은 교육을 받는다고 모두 같은 양을 담을 수 없다. 그럼에도 어른들은 본인들의 편의를 위해 하나의 방법만을 강요한다. 이 부분을 메워줄 수 있는 것이 가정에서 해주는 맞춤식 교육이다. 학교는 큰 교육을 담당하고, 각 가정에서는 내 아이에게 맞는 세부적인 교육을 하면서 모자라거나 넘치는 부분에 대한 조절을 담당하는 것이다. 아이가 부족한 것과 잘하는 것을 가장 잘 아는 이는 부모뿐이기 때문이다.

그러나 정작 맞춤식 교육을 하려면 많은 의문이 들 것이다.

맞춤식 교육은 무엇인가?
이를 하기 위해 필요한 것은 무엇인가?

어떤 방법으로 해야 하는가?

이를 도와주기 위한 부모의 특별한 기술이나 자질이 필요한가? 만약 갖추지 못했다면 어디서부터 시작해야 하는가?

이를 실천한 부모들은 있는가?

너무 어려워서 나는 해내지 못할 것인가?

내가 부족해서 아이가 뒤처지는 것은 아닐까?

맞춤형 교육을 시키려면 아이가 어떤 자질이 있어야 할까?

부모들은 이러한 교육이 있고, 실천한 부모들이 있다는 것 자체만으로도 두려워한다. 반대로 이 방법을 알고 실천할 수만 있다면 지금이 바로 기회인 것이다. 문제는 '해낼 수 있는가' 하는 두려움이겠으나, 내 아이의 미래 생존과 관련이 있다면 못할 것도 없다. 우리는 아이가 아플 경우 대신 아팠으면 하는 간절한 마음을 갖기도 한다. 하물며 그것이 아이 미래의 생존과 관련된 것이라면 부모인 이상 못할 것이 없다. 아니 해내어야 한다.

만일 힘들게 느껴진다면 차라리 아이들과 그 과정을 즐기겠다는 생각으로 전환하면 된다. 사실 그 과정은 녹록치 않을 수도 있다. 그러나 자녀의 학업에 많은 시간과 노력을 기울이는 대한민국의 엄마들이라면 오히려 색다른 경험으로 즐길 수 있을 것이다. 이를 위해 평생 학습에 대한 마인드, 즉 자녀와 함께 성장하고자 하는 자세를 갖추어야 한다. 창의적인 인재로 키우는 개별화된 맞춤교육을 학교에서 해주지 못한다면 가정에서라도 자녀에게 맞춤화된 교육 과정을 제공해 주어야 한다. 부모들도 자녀를 명문대에 입학시키는 것만을 목표로 삼을 것이 아니라 창의적인 문제해결능력을 갖춘 인재가 되도록 어릴 때부터 관심을 쏟고 교육 방향도 그렇게 맞추어야 할 것이다.

# 내 아이를 위한 맞춤식 교육하기

마이클 탤보트가 쓴 〈홀로그램 우주〉에는 접혀진 우주와 펼쳐진 우주라는 표현이 있다. 이것을 진로에 연결지어보면 누구나 접혀진 부채를 갖고 있는데 그 안에는 자신의 인생이 가야 할 그림이 그려져 있고, 이것을 펼쳐보아야 자신이 가는 진로를 알 수 있는 것이다. 그러나 그것을 알 수 있는 길은 시간을 보내야 알 수 있다. 즉 20대에는 부채의 20퍼센트만 펼쳐지고, 30대에는 30퍼센트만 펼쳐진다는 식이다. 대개 50대 중반을 넘어서면 자신의 나머지 인생이 어떻게 펼쳐질지 알게 되는 것도 부채의 50퍼센트가 펼쳐져 나머지 그림을 안 봐도 알 수 있기 때문이다.

전문적 분야에서 성공을 일군 사람들 대부분의 경우는 부채의 그림이 앞부분에 그려져 있어 조금만 펼쳐보아도 무엇을 해야 하는지 알게 되는 경우다. 그러나 대부분의 사람들은 중간이나 뒷부분에 있어 자신의 진로를 알기 어렵다는 것이다. 우리 모두는 태어날 때부터 자신의 잠재능력을 가지고 태어난다. 어떻게 보면 밑그림을 가지고 태어나는 것이다. 여기에 본인 스스로의 노력과 엄마의 조력이 합쳐져 아름다운 그림이 되는 것이다. 밑그림을 바탕으로 색칠을 정교하게 하는 작업이 맞춤식 교육 과정이다.

- 다양한 대외활동을 한다. 건축학을 전공할 것이라면 사랑의 집짓기 활동이 그 예다.
- 독서를 한다. 적성을 찾은 경우 독서는 아직 찾지 못했을 때의 독서와 내용이 달라야 한다. 적성을 능력화할 수 있는 독서를 해야 한다. 과학 분야로 나가려면 과학 분야의 독서를, 사업을 하려면 경영서를 읽는 방식으로 콘텐츠를 강화시킬 수 있는 전략적인 독서를 해야 한다.
- 자신이 가고자 하는 분야의 전문가 강의를 찾아 듣는다.

- SNS를 활용한다. 전문인과의 대화 어플이나 커피 한 잔에 멘토와의 만남을 주선하는 사이트 등을 활용하면 된다.

- 인적자원 활용은 아이가 결정한 진로에 종사하시는 부모의 친구들이나 친지를 찾아본다.

- 같은 직종을 하려는 사람들과의 모임에 가입하고 활동한다. 켄 로빈슨은 〈엘리먼트〉에서 엘리먼트를 발견하는 기본적인 방법은 같은 일에 열정을 가진 사람들과 인연을 맺는 것이라고 했다.

- 견학을 통해 다양하고 구체적인 지식을 접한다. 식물원, 동물원, 과학전시회, 별 관측 행사, 과학박람회, 엑스포 등을 찾아간다.

- 단순한 관광이 아니라 주제 있는 여행을 한다. 케네디 아버지는 주영 대사로 근무하던 존에게 유럽을 시찰하고 정세를 보고하도록 과제를 주었다. 이 경험을 통해 케네디는 유럽에 대한 안목을 키우고 정치가로서의 통찰력을 키우는 계기가 되었다.

- 각종 포럼이나 학회에 참여한다.

- 부모의 역할이 중요하다. 쇼트트랙 선수인 변천사 엄마는 천사의 어머니이자 코치이고 싶어서 53세의 나이에도 불구하고 쇼트트랙 강사 자격증을 딴 것처럼 자녀 진로분야의 전문가가 되어보는 것도 권장한다.

# 미래교육 3스텝:
# 부모의 네트워크를 아이와 공유하라

▶ ▶ ▶

엄마가 평가전문가와 맞춤식 교육 과정 제공자의 역할을 하게 되면 아이는 콘텐츠를 쌓게 된다. 그 다음에 해야 할 역할은 지역사회 연결자이다. 모차르트의 아버지는 아들의 실력을 평가받기 위해 전 유럽을 여행하며 연주회를 열었고, 피카소의 아버지는 열세살에 전시회를 열어주었으며, 김연아의 엄마도 김연아를 여러 대회에 참가시키며 지역사회 연결자의 역할을 하였다.

이처럼 아이의 쌓여진 콘텐츠를 사회에 선보여 평가를 받는 기회를 주는 것도 엄마의 역할이다. 아이가 가진 콘텐츠를 전문가에게 보이거나 실력을 평가받을 수 있는 공모전이나 경시대회에 참여하도록 한다. 현재 아이들이 많이 하는 창의체험과 관련이 깊다. 이런 경험을 통해 자신이 어느 정도 수준에 이르렀는지, 콘텐츠의 질은 어떠한지를 파악할 수 있다.

전문가와 만나기 힘들다면 주위에 그 분야에 종사하고 있는 분들을 찾아뵙는 것도 하나의 방법일 것이다. 최근에는 멘토를 만나게 해주는 앱 크몽도 있고 사이트 MEET도 있다. 엄마가 트위터를 하거나 페이스북을 한다면 SNS를 통해 멘토를 만날 수도 있다. 콘텐츠를 쌓는다고 해도 새로운 업적을 인정하고 입증해주는 현장이 없다면 창의성을 증명해 보일 수 없기 때문이다.

나 역시 SNS를 통해 아들에게 멘토를 맺어준 경험이 있다. 내가 관심을 두고 있던 교수님에게 아들의 멘토가 되어줄 것을 간곡히 부탁드렸다. 교수님은 아들의 멘토가 되어주셔서 좋은 말씀도 많이 해주셨다. 또 아들이 존경하고 만나고 싶어하는 분들과 식사를 하며 가르침을 받을 기회도 주곤 하셨다. 이런 방법은 부족함이 많은 엄마가 아들에게 줄 수 있는 나만의 방법이었다.

큰아이의 경우 아직 자신이 나가야 할 분야가 구체적으로 정하지 못했던 시기에는 폭을 넓힐 수 있는 탐색의 기회를 주었다. 반면 작은 아이의 경우 자신이 하고자 하는 분야가 확실했기 때문에 그 분야의 전문가들과 만나는 기회를 제공해 주었다.

둘째는 패션디자이너가 되고 싶어했지만 우리 부부는 그 분야에 대해 전혀 몰랐다. 그래서 주변에 패션 관련업을 하는 친구나 친지를 알아보았고 다행히 찾아보니 꽤 여러 분이 계셨다. 우리 부부는 아들과 이 분들을 찾아다니며 그분들의 전문 지식과 업계의 동향 등에 대해

들을 수 있었다. 지금은 친구 회사에서 인턴사원으로 시간이 날 때마다 나가 일을 배웠던 적도 있다.

둘째가 대학에 들어갔을 때 아들에게 도움을 주신 분들을 모시고 식사를 할 기회가 있었다. 나는 아들에게 너를 위해 이렇게 어른들이 시간을 내어 주셨으니 감사의 인사를 하라고 말했고, 아들은 일어나 "저는 여러 분의 어머니와 여러 분의 아버지와 인생길을 걸어가는 느낌입니다. 감사합니다"라고 인사를 하였다.

아들이 여러 분의 아버지와 여러 분의 어머니와 함께 인생길을 걸어간다는 말에 남다른 감회가 있었다. 그 이유는 언젠가 나는 아들에게 이런 말을 한 적이 있다. "엄마나 아빠는 너희들을 키우기에 많이 부족한 사람들이다. 엄마 아빠도 노력을 하겠지만 엄마 아빠 말고 다른 어른들의 말씀에 귀를 기울이며 살았으면 한다." 이런 말을 아들에게 전할 수 있었던 것은 〈부자 아빠, 가난한 아빠〉를 쓴 로버트 기요사키의 말 때문이었다.

로버트 기요사키는 두 아버지가 있었다. "교육은 많이 받았지만 가난했던 자신의 아버지와 정규교육은 제대로 받지 못했지만 부자가 되었던 친구 아버지의 가르침을 동시에 배우면서 그는 결국 부자 아버지의 가르침 속에서 자신의 문제를 해결할 수 있었다"라는 말에 감동을 받았기 때문이었다.

나는 그 책을 읽으며 '그래, 나도 아이들에게 생물학적 부모뿐 아니라 아이들의 정신을 깨워주고, 세상을 살아가는 법을 가르쳐줄 다른 엄마와 아빠가 필요하다'는 생각을 하였다. 이런 나의 생각을 다행히 아들도 받아들여주었고 어른들의 말씀이 자신들 삶에 도움이 된다는 생각으로 엄마 아빠 친구들의 모임에도 함께 다니며 우리 부부가 주지 못하는 많은 것들을 배우고 있는 중이다.

한 아이를 키우는 데 동네 전체가 필요하다고 했지만 나는 동네까지는 아닐지라도 감사한 친구분들 덕으로 나의 모자람을 메꿔가고 있다. 한 아이를 잘 키우기 위해서는 부족한 개인들이 모여 완벽한 팀을 이루는 것이 중요하다.

# 부모가 아이에게 주어야 하는
# 세 가지 자원

▶ ▶ ▶

신동은 타고난 능력이 비범한 사람을 말하며, 천재는 업적이 비범한 사람을 의미한다. 대한민국에는 신동은 많지만 천재는 드물다고 한다. 그 원인은 평가를 통해 강점지능을 발견한 후 이를 맞춤식 교육을 통해 뒷받침하는 시스템이 부족한 데 있다.

현재 많은 부모들이 각 분야의 천재들을 보면서 내 아이를 그들처럼 키우려 하고 있다. 이는 각 분야의 천재들에게 과거와는 달리 경제적인 보상이 주어지면서 공부가 아니더라도 내 아이가 살아갈 수 있다는 확신을 갖게 된 데 근거한다.

모차르트는 신동이면서 천재인 예인데 음악가이자 교육자인 아버지는 아들의 재능을 발견한 이후 아들에게 체계적인 맞춤식 음악 교육을 통해 천재로 길러내었다. 피카소 역시 미술가이던 아버지가 아들의 소묘능력이 뛰어남을 발견한 이후 바르셀로나 미술학교와 산페르난도 왕립 미술학교에서 맞춤식 미술교육을 통해 거장으로 길러내었다. 이처럼 부모의 역할은 자녀의 잠재능력을 발견하여, 자녀의 재능에 맞는 맞춤식 교육을 통해 인적 자원과 물적 자원, 그리고 문화적 자원을 제공함으로써 인재로 키워내는 것이다. 이러한 노력을 통해 자녀들이 갖고 태어난 잠재능력은 핵심역량이 된다.

　모차르트의 아버지는 아들을 음악가로 키울 것인지 말 것인지를 동료 음악가들과 의논했다. 세계적인 영국의 경제학자 케인즈의 아버지도 아들의 재능을 확신하기 위해 동료 교수들에게 자문을 얻었다고 한다. 일본의 노벨화학상 수상자 노요리 료지 박사도 아버지가 자신이 화학자가 되는데 많은 영향을 주었으며, 특히 일본인으로서는 처음으로 노벨상을 받은 유카와 히데키 교수를 소개시켜주었고, 그를 우상으로 여기며 연구에 매진했다고 전한다. 이들 부모는 주변 사람들을 통해 자녀의 잠재능력을 평가하고, 확신했고, 그리고 자녀에게 모델을 제시하는 등 자신의 '인적 자원'을 활용한 경우다.

　제임스 밀이 그의 아들 존 스튜어트 밀에게 인문학 교육을 시킬 수 있었던 것은 자녀 중 존 스튜어트가 유난히 뛰어나서라기보다는 아들을 키울 무렵 경제적으로 안정되었기 때문이라고 한다.

　〈이제는 아버지가 나서야 한다〉를 쓴 이해명 교수는 자녀가 둘이 있는데 큰 아이는 이 교수가 유학할 당시 경제적 어려움 속에 키웠고,

둘째는 귀국 후 대학에 자리를 잡고 경제적으로 여유가 있을 때 키웠다고 한다. 두 아이 모두 IQ는 같은데 나타나는 성과가 달랐다고 한다. 이처럼 경제적으로 안정적인 상태에서 자녀에게 맞춤식 교육을 하기 위해서는 부모의 '물적 자원'이 필요함을 시사하는 대목이다.

무엇보다 맞춤식 교육을 하는데 가장 중요한 것이 '문화적 자원'일 것이다. 세계의 위대한 인물들이 그 위대함을 인정받을 수 있었던 이유는 그들의 재능이 뛰어났던 점도 있었지만 그들 부모가 자녀가 가진 재능 분야의 문화적 자원을 가지고 있었기 때문에 가능한 일이었다. 아무리 자녀가 재능이 있다 하더라도 그 분야를 이해하지 못하는 부모를 갖고 있는 한 재능이 꽃필 가능성은 적어지기 때문이다. 최근 연예인 가정에서 2세 연예인들이 대거 나오고 있는 현상도 유전자의 힘이 크기 때문이다. 이런 유전자의 힘을 무기로 연예인 부모들로부터 맞춤식 교육을 어릴 때부터 받았다는 것을 의미한다.

부모가 자신이 하고 있는 직업이 적성에 맞다고 생각한다면 내 아이도 그 분야로 갈 수 있는 확률이 높다는 것을 인식해야 한다. 허황된 욕심으로 유전자의 힘을 무시하고 헛된 노력으로 시간을 보내게 해서는 안 된다. 의사 집안에 의사 나고, 변호사 집안에 변호사가 난다는 말처럼 이는 유전자의 힘과 부모가 하는 대화나 행동을 통해 전달하는 문화적 자원의 힘이 중요하다는 것을 보여준다.

〈비범성의 발견〉을 쓴 가드너의 주장에 의하면 비범성은 선천적으로 타고난 특성의 결과가 아니라 이를 개발해주는 교육 경험과 사회적 조건이 갖추어질 때 나타나는 것으로 보고 있다. 가장 중요한 요인은 역시 부모라고 한다. 부모가 가진 물적, 인적, 문화적 자원이 비범성을 결정한다는 말이다.

# 미래교육 3스텝의 끝판왕, 텀블러의 데이비드 카프

▶ ▶ ▶

미래교육의 단계별 방법이 중요한 이유는 지금은 콘텐츠 사회이기 때문이고 앞으로 자신만의 콘텐츠가 더 중요해질 것이 분명하기 때문이다. 미래교육 3스텝은 아이가 자신이 좋아하고 잘 할 수 있는 분야를 알아내고 그것을 역량화할 수 있는 맞춤식 교육을 통해 콘텐츠를 키워 그 분야의 전문가들에게 인정을 받는 로드맵을 말한다.

이 방법에 완전히 부합되는 인물이 텀블러를 만든 데이비드 카프David Karp다. 카프는 컴퓨터 프로그래머, 컨설팅사 창업을 거쳐 2007년 소셜네트워킹서비스인 텀블러Tumblr를 세웠다. 6년 뒤인 2013년 5월, 그는 IT 업계에서 최대 화제로 떠올랐는데 야후가 텀블러를 11억 달러(약 1조2000억원)에 인수했기 때문이다. 그는 '제2의 마크 저커버

그'라 불리는 신화의 주인공이 되었다.

빌 게이츠와 스티브 잡스, 마크 저커버그 이후 '대학 중퇴 이후 창업'이란 공식은 미국에선 흔한 일이었지만 '고교 중퇴 후 창업'은 충격이었다. 데이비드 카프는 15세에 학교를 중퇴하였다. 그 후 10년이 지난 그의 나이 26세에 '제2의 페이스북 신화'라는 평가를 받으며 억만장자 대열에 합류한 인물이다. 그는 어떻게 그런 성공을 얻을 수 있었을까? 카프는 이 책에서 말하는 미래교육 3스텝을 그대로 밟은 끝판왕이었다. 그의 미래교육 3스텝을 한 번 살펴보자.

카프는 1986년 뉴욕 맨해튼에서 영화음악 작곡가인 아버지와 과학 교사인 어머니 사이에서 태어났다. 카프의 부모는 빌 게이츠나 스티브 잡스, 마크 저커버그의 부모처럼 아들이 하고 싶은 일을 적극적으로 지원했다.

카프가 악기를 연주하고 싶다고 하면 음악수업을 시켰고, 로봇을 만들고 싶다고 하면 보스턴에서 열리는 MIT 로봇 경연대회에 직접 데리고 갔다. 이걸로 보면 카프의 부모는 부모의 의도대로 자녀를 키우고자 한 부모가 아니라 미켈란젤로처럼 무심으로 자녀를 그저 존중하며 자녀의 잠재력이 튀어나오길 기다린 부모들이었다.

카프는 열한 살 때 운명처럼 컴퓨터 프로그래밍을 접한다. 아버지는 아들에게 컴퓨터 관련 서적을 사주고(문화적 자원), 소프트웨어 엔지니어들을 만나는 기회를 주면서(인적자원) 당시에 상당히 고가였던 애플 컴퓨터(물적자원)까지 사주며 아들의 흥미를 북돋아주었다. 자녀의 잠재력을 믿고 기다려주면 자녀도 열정적으로 자신의 삶을 탐색하듯이 카프도 열정을 갖고 독학으로 컴퓨터 프로그래밍을 공부하여 전문 프로그래머의 실력을 갖춘 뒤 이웃에 있는 회사들의 웹사이트를 적극적으로 만들어주기 시작했다.

카프가 열네 살 때 카프의 어머니는 자신이 가르치는 학생의 부모가 애니메이션 회사의 경영자라는 것을 알고 아들을 그 회사에 인턴으로 보냈다. 카프의 재능을 알아본 경영자는 사내 프로젝트에 바로 그를 투입시켰다. 카프는 컴퓨터 테크놀로지에 대한 이해력이 뛰어났고 천부적인 타이밍 센스까지 갖추고 있었다. 그때 만났던 경영자는 몇 년 뒤 카프가 만든 텀블러에 투자해 텀블러의 이사가 되기도 했다. 이처럼 카프는 미래교육 3스텝을 밟은 완벽한 예이고, 21세기의 교육은 바로 이러해야 한다.

그의 어머니는 텀블러에 대해 이렇게 말했다.

"컴퓨터에 마음을 뺏겨 밤을 새는 아들을 지켜봤어요. 카프가 자신의 열정을 불사를 수 있는 공간이 필요하다는 것을 알게 됐죠. 그것은 다름 아닌 컴퓨터였습니다. 컴퓨터와 관련된 모든 것이었죠."

카프는 고등학교에 진학해서도 친구들과 어울리기보다 혼자 컴퓨터에만 빠지고 운동이나 여자 친구에 대한 관심도 없었다. 카프의 엄마는 카프의 이런 모습에 속상해하거나 아들을 꾸짖지 않았다. 그리고 결단을 내렸다.

"너는 컴퓨터에 재능이 있는 것 같으니 학교를 그만두고 하고 싶은 일을 마음껏 하렴."

한 인터뷰에서 "정말 부모가 중퇴를 권했느냐"고 묻자, "맞습니다. 사실 부모님 말씀을 듣고 충격을 받았어요. 처음엔 반신반의했어요. 중퇴까진 생각하지 않고 있었거든요. 그런데 부모님은 제가 뭘 잘하는 지만 보셨던 것 같아요. 얼마나 감사한지 몰라요."

카프의 부모 특히 엄마는 카프의 재능과 잠재력을 알아보고 이를 발휘할 수 있는 환경을 조성해주었다. 여기서 우리가 주목해야 할 점은 자녀의 특징을 단점으로 바라보지 않고 장점으로 바라봐준 부모가 있었다는 것이다.

대부분의 부모는 자녀가 내성적이면 내성적이라 걱정이 돼요. 어떻게 하면 외향적이 되게 할 수 있을까요? 를 묻는다. 카프와 같은 예라면 너무 컴퓨터에만 빠져서 걱정이 돼요. 어떻게 하면 컴퓨터를 멀리하고 공부에 집중하게 만들 수 있을까요? 라는 질문을 할 것이다. 그러나 카프의 엄마는 달랐다. 그 나이 아이와는 달리 운동도 안 하고 여자친구에 관심도 없이 컴퓨터에만 집중하는 아들의 모습을 그의 장점으로 보아주고 집중할 시간을 주고자 학교를 그만두는 것을 제안하기에 이른 것이다.

그가 학교를 중퇴하자 그는 "갑자기 제가 사라지자 친구들은 '카프가 완전히 컴퓨터에 미쳤다', '부모가 그를 사이보그로 만들었다'고 수군댔어요. 하지만 만일 학교에서 컴퓨터를 가지고 하고 싶은 일을, 하고 싶은 만큼 할 수만 있었다면 중퇴하지 않았을 거예요."

카프는 엄마가 자퇴를 제안한 그날로 학교를 그만두었다. 그때가 열다섯 살이었다. 카프는 자퇴를 결정하게 된 이유를 첫째, 자신이 하고 싶은 일이 무엇인지 명확했고, 둘째, 학교에서는 그것을 배울 수 없었기 때문이라고 한다. 이처럼 엄마가 카프의 장점과 개성을 평가전문가로서 판단을 내렸고 즉 미래교육 첫 번째 스텝을 밟았다.

카프는 자퇴 후 3년간의 홈스쿨링을 통해 몇 명의 선생님과 함께 자신이 하고 싶은 공부에만 매진하며 미래교육 두 번째 스텝으로 들어선다. 자신의 꿈을 향한 맞춤식 교육을 시작한 것이다. 그때 배운 일본어 덕분에 17살에 일본으로 건너가 인공지능 로봇회사에서 프로그래머로서 실력을 다질 수 있었고 이때부터 사업가가 되기로 결심한다.

카프는 몇 달간 경험을 쌓은 후 뉴욕으로 돌아와 스타트업 회사였던 어반베이비에서 수석 프로그래머로 일한다. 미래교육은 반드시 학교에서만 이루어지는 것은 아니다. 미래는 기업이 학교가 될 것이라는 미래학자의 말처럼 카프는 여러 회사를 거치며 자신의 콘텐츠를 쌓아가게 된 것이다.

이곳에서 일하게 된 계기는 카프의 남다른 실력 덕분이었다. 당시 어반베이비는 기술적 문제로 어려움을 겪는 프로젝트를 하고 있었는데 마감까지 48시간이 남아 있었으나 해결 방안은 보이지 않았다. 그때 카프의 지인이 카프를 소개했고 네 시간도 안 되어 문제를 해결했기 때문에 열일곱 살이라는 나이에 수석 프로그래머가 되었다. 카프는 자신 분야의 전문가들에게 인정을 받는 미래교육 3스텝을 비로소 완수하게 된다.

이후 어반베이비가 씨넷CNET에 매각되면서 수십만 달러가 들어오자 드디어 자신의 첫 회사인 데이비드빌을 창업하고 이 회사를 경영하면서 나온 아이디어로 투자를 받아 텀블러를 창업하기에 이른다. 직원은 단 한 명, 사무실은 어머니의 아파트였다. 미래의 트렌드가 될 1인 창업을 한 것이다.

카프의 어머니는 아들이 아이디어가 떠오르면 아파트를 뛰어다니며 "엄마 이런 게 있어요! 이런 게 있어요!" 라고 외쳤다고 한다. 자신이 좋아하는 분야에서 성취를 하며 이렇게 자녀가 기뻐하는 것을 보는 것은 분명 부모의 행복일 것이다.

젊지만 실력을 갖춘 카프는 21세에 회사를 창업한 이후 5년 만에 260명의 직원을 거느린 미국 IT 업계의 선두회사가 된다. 실리콘밸리에는 IT로 성공하려면 일단 대학을 중퇴해야 한다는 소리가 있다. 선점이 중요하고 IT 환경에서 대학 4년은 그 기회를 놓친다는 의미다. 유엔미래포럼 박영숙 대표는 이런 현상이 "대학교 1학년 때 배운 것은 4학년이 되면 무용지물이 될 수 있고 4년은 너무 길며, 새로운 것을 가르쳐주는 곳이 아니라 새로운 것을 못하도록 막는 곳이 바로 대학이라는 생각에서 비롯된 것"이라고 설명한다.

실리콘밸리의 창업자들은 중퇴를 부끄러워하기는커녕 성공을 향한 명예훈장으로 여긴다고 한다. 그 이유는 이미 콘텐츠를 갖추었음을 의미하고, 기존 공식인 학교를 벗어날 수 있는 용기와 실천력, 자기 이해, 미래 확신, 주인 의식을 이미 갖고 있음을 의미하기 때문이다. 잡스가 스탠퍼드대 연설에서 '대학 중퇴가 내 인생의 최고의 결정'이라고 한 것과 같은 맥락이다. 페이스북의 마크 저커버그, 트위터의 잭 도시,

스냅챗의 에반 스피겔, 왓츠앱의 얀 쿰, 우버의 트래비스 칼라닉 모두 대학 중퇴자다.

미국에서는 신입사원들을 대학 중퇴자들로만 뽑는 회사가 있다. 그들은 생각이 자유롭고 위험을 감수할 줄 알며 집단적 사고에 물들지 않기 때문이며, 페이스북은 중퇴자를 우대하기까지 한다.

카프의 성공은 한 분야에만 매진할 자유를 가질 수 있었기 때문에 가능한 일이었고 이러한 환경을 마련해준 것은 그들의 부모였다. 열한 살 때부터 프로그래밍에 필요한 HTML 관련 서적을 구해주며 프로그래머의 길로 인도해준 아버지, 고등학교 중퇴를 권유한 어머니, 열네 살 때 재능을 알아보고 인턴십을 권유한 미디어 사업가 프레드 사이버트, 텀블러 초기 투자자이자 카프에게 투자의 의미와 투자받는 법을 일깨워준 벤처캐피털리스트 비잔 새빗……

카프의 인생 모토는 '어른이 곧 동료(adult as peers)'라고 한다.

"어느 순간 삶을 돌아보니 '친구들보다 어른들과 더 많은 시간을 보낸다'는 점을 깨달았어요. 매일 어른처럼 옷을 갈아입고 학교에 가는 대신 일하러 갔습니다. 제 나이 또래 학생들은 이런 경험을 못했습니다. 어른이라곤 대학 교수님과 부모님뿐일 겁니다. 그러나 전 열네 살 때부터 어른들과 함께 일하는 법을 배웠습니다."

그는 실수투성이에 사회를 잘 모르는 자신을 어른처럼 대우해준 어른들을 만난 것이야말로 인생 최고의 축복이며, 그들이 멘토가 되어주었기 때문에 성공할 수 있었다고 말했다.

카프에게는 많은 중고생으로부터 '학교가 지루하다. 나도 창업하고 싶다'는 이메일이 쏟아진다고 한다. 그럴 때 그는 "창업에 성공하고 싶으면 주위에서 위대한 사람을 찾으세요. 그 멘토는 창업을 이미 경험했을 수 있습니다. 그들은 당신을 돌봐주면서, 잘못된 유혹이 뭔지도 말해줄 수 있습니다. 그 멘토를 찾으세요. 그때 성공 기회는 엄청나게 커집니다"라고 답해주고 있다.

카프의 성공스토리에서 얻을 수 있는 것은 아이가 원하는 것이 학교 밖에 있음에도 불구하고 교실에 아이의 꿈을 묶어두고 있지는 않은지 생각해볼 일이다. 밤을 세워 대입과 취업이라는 목표를 쫓아가며 똑같은 교재로 시간을 보내는 아이들과 이를 종용하는 부모들은 어떻게 이들과 경쟁을 할 수 있을까?

이제는 더 이상 학교에서 1등 하는 아이만 비범해질 수 있는 세상이 아니라는 것이다. 내 아이의 비범성은 어디에 있는지 부모는 고민하며, 아이의 꿈을 지지하고 이루어질 수 있는 도약대가 부모는 되어야 한다.

미래교육 3스텝의 끝판왕 데이비드 카프의 예를 보며 앞으로의 부모 역할이 어떠해야 하는지 다시 한 번 깊이 생각해본다면 좋겠다.

# 아이에게 스스로의 진로 결정권 선물하기

유튜브를 보다 보면 아이들의 보여주는 콘텐츠에 깜짝 놀랄 때가 있다. 우리나라에 이런 아이들이 있었을까 할 정도로 자신의 분야에 콘텐츠를 가진 아이들을 본다. 특히 마음공부에 관심이 있어 동영상을 찾다 보면 '어쩌면 저렇게 젊은 나이에 저런 콘텐츠를 갖고 있을까' 하는, 놀라움을 넘어 존경하는 마음이 든다. 만약 유튜브가 없었다면 정말 알 수 없었던 것들이다. 수많은 사람들이 자신이 그동안 쌓아왔던 콘텐츠를 보여주는 세계가 실로 경이롭기조차 하다.

이처럼 자신의 콘텐츠를 지속적으로 형성하기 위해서는 부모가 자녀의 진로트랙을 인정하거나 콘텐츠 형성 시간을 주기 위해서는 부모의 마인드가 달라야 가능하다.

우선 경쟁을 마음에서 내려놓는 것이다. 산업사회에서는 경쟁을 통해 보다 좋은 학교 보다 좋은 직장을 구할 수 있었다. 그러나 지식창조사회는 남과의 경쟁에서 이기는 것이 무의미해진 무한경쟁의 사회다. 무한경쟁에서 살아남기 위해서는 자신과 경쟁하는 것이 경쟁력 면에서 더 높다. 어제의 나와 경쟁하면서 성장하는 것 그러기 위해서는 당근과 채찍 같은 외적인 동기가 아닌 스스로 동기부여하면서 자신의 잠재력을 최대한 끌어내야 한다. 이를 위해서는 '평균적인 진로 따라하기'가 되어서는 안 된다. 나만의 속도, 나만의 콘텐츠, 나만의 진로 로드맵을 통해 평생 이루어나가야 하는 과정이어야 한다.

그러나 전통적 공교육 시스템은 모든 학생에게 표준화된 똑같은 체험을 강요하도록 짜여 있다. 교재만 해도 적정 연령에 맞도록 기획되어 있고, 특정 연령의 평균적인 학생을 대상으로 제작되어 있다. 평가 역시 연령이나 학년을 기준으로 하고 있다. 즉 해당 연령이나 학년의 평균적 학생을 중심으로 구성되고 있다. 학생들은 학습할 내용만이 아니라 내용을 학습하는 방법, 시기, 속도, 순서에 대해서까지 정해놓은 커리큘럼에 강요당하고 있다.

교육에 평등한 맞춤을 도입하려면 어떤 방법이 있을까? 〈평균의 종말〉을 쓴 토드 로즈는 교재를 평균적이기보다 특색 있게 짜야 하고, 커리큘럼 구성이 학년이나 연령에 따라 고정되어 있기보다는 개인별 능력과 속도에 맞춰지도록 해야 한다고 주장한다. 교육적 평가 역시 단순히 학생들을 서로 비교해 순위를 매기는 식이 아니라 개인별 학습과 진도를 평가하는 식으로 구성되어야 한다고 주장한다. 학생들의 실험을 장려하면서 성공과 실패를 서로 공유해 학생 주도의 자율속도형 다경로 교육체험을 실행시킬 만한 저비용에 확장 가능한 방법들을 찾아내서 채택할 수 있을 것이라고 한다.

이렇게만 되면 자신이 원하는 부분에 최고의 자신이 되며, 자신이 정한 기준에서 훌륭한 삶을 살 수 있다고 한다. 부모의 입장에서 내 아이가 최고의 자신 그리고 진정한 자신으로 살 수 있게 된다면 얼마나 행복할까? 이를 위해서는 학교라는 시스템이 해주기를 기다려서는 안 된다. 가능하지도 않을 것이다. 그렇다면 가정에서 부모가 해주면 어떨까?

대부분의 부모는 아이가 정상적 경로에서의 이탈을 뭔가 잘못됐다는 확실한 신호로 간주한다. 우리가 평균주의 사고에 속아 믿게 되는 것이 '정상적인 경로'라는 것이다. 그래서 우리는 성장하거나 배우거나 목표를 달성하는 하나의 올바른 경로가 있다고 믿는다. 이처럼 우리가 하나의 올바른 경로라는 것을 의식하게 된 데는 프레더릭 테일러의 공이 크다.

테일러는 위계적 조직 내에서의 표준적 경로에 대한 개념에 토대를 닦아놓았다. 평균적 인간은 수습 직원으로 시작해서 주임으로 승진하는 것처럼 직업위계를 통해 승진하는 방식이었다. 즉 경력사다리의 개념이다.

기업에서는 어떤 일이든 완수해내는 데에는 '하나의 올바른 방법'이 있다고 봤던 테일러의 경영 이념과 믿음은 근무일과 주당 근무시간의 지속 기간을 결정하는 데도 이바지했다. 이 기간은 원래 공장 효율성을 극대화하기 위해 세워진 임시 규범이었으나 현재 우리의 개인적, 직업적 삶 전반에서 속도의 조종자로 역할을 하고 있다.

더 심각한 것은 테일러의 공장 근무시간 표준화는 우리 교육 시스템의 경직된 경로에도 영감을 줬다. 학교들은 100년 전과 똑같은 유연성 없는 학업 일정을 따르고 있다. 아직도 고정된 수업시간, 고정된 등교일, 고정된 학기 시스템으로 똑같은 핵심과목을 가르쳐 모든 학생이 똑같은 나이에 고등학교를 졸업하도록, 똑같은 지식을 갖추고 졸업하도록 짜놓은 탄력성 없는 똑같은 학제를 따른다. 정상적인 교육 경로에 정상적인 직업 경로까지 더해지면 평생 정상적인 경로를 따르게 되는 것이다. 이것을 사실 부모들이 아이에게 더 강요하는 측면이 많다는 것은 불행한 일이다.

앞에서 언급한 카프에게 "고교 중퇴를 후회한 적은 없나요?"란 질문에 "제가 고등학교에서 얻지 못한 것은 친구 관계, 그리고 제가 좋아하는 지리 수업을 들으면서 푸는 퀴즈였어요. 하지만 전 언젠가 대학에 갈 겁니다. 매우 재미있을 것 같아요. 그리고 대학을 다니는 여자 친구가 있는데, 매우 지적이거든요. 엔지니어링이나 화학, 이런 것을 공부해보고 싶어요" 라고 했듯이 어떤 사람은 대학 졸업 후 직장에 가는 사람이 있는가 하면 카프처럼 먼저 창업을 한 후 나중에 대학에 가는 사람도 있다.

경로를 밟는 것은 개개인마다 다 다르다. 정상적인 경로가 있다는 믿음은 분명히 표준 경로가 있을 것이라는 사고에서 비롯된다. 인간의 발달은 그 종류를 막론하고 단 하나의 정상적인 경로라는 것이 사실은 없다. 어떤 특정 목표를 위한 여정에서도 똑같은 결과에 이르는 길이 여러 갈래며 모두 동등한 가치를 갖고 있다. 자신에게 가장 잘 맞는 경로는 각자 개개인성에 따라 결정되며 각자 다양한 길이 있고, 각자의 속도와 순서가 있다.

만약 부모가 자녀가 원하는 것이 뭔지, 좋아하는 것이 뭔지, 어떤 것에 재능이 있는지, 이런 흥미를 살려서 하고 싶은 일을 하려면 어떤 방법이 가장 좋을지를 파악해야 한다. 자녀들이 실제로 일하게 될 직업 환경과 최대한 가까운 맥락에서 자녀의 실력을 평가할 수 있다면 그리고 각자 자신의 속도에 맞춰 자신에게 적절한 순서에 따라 학습할 수 있게 해준다면 자녀들은 다른 사람들 모두와 똑같되 조금 더 뛰어나려고 기를 쓰는 대신에 최고의 자기 자신이 되기 위해 힘쓸 것이다.

이렇게 크다 보면 실력과 자격증 수여 중심의 개인화된 교육 시스템에서는 학생들과 고용주 사이에 연계가 밀접할 것이다. 끊임없이 변하는 구인 구직 시장의 현실에 따라 자격증의 가치와 유용성이 실시간으로 조정되기 때문이다.

기업 입장에서는 해당 직무에 필수적인 기량과 지식을 갖춘 입사 지원자들을 확신할 수 있게 된다. 이 때 청년실업의 문제도 일정 부분 해소될 것이다. 청년들은 일자리가 없다고 아우성이고, 기업은 인재가 없다고 아우성인 미스매치가 없어지지 않을까?

이런 혁신은 개개인성을 소중히 여기는 마음에 달려 있고 무엇보다 내 아이가 가장 소중한 엄마들이 할 수 있다.

# 자녀의 창업 응원하고 지원하기

자녀가 어릴 때부터 되고 싶은 것이 확고한 아이들 중 콘텐츠를 착실히 쌓았고, 전문가 수준의 아이라면 특허를 내거나 창업을 고려해보는 것도 좋은 방법이다. 대부분의 부모들은 아이가 어리다는 이유로 아이들의 전문성을 간과하는 경우가 있다. 그러나 이것은 부모들의 시대착오적인 발상이다. 대한민국의 부모들은 정규교육을 마치는 것을 중요하게 생각하므로 아이들이 창업을 하려 해도 허락하지 않는 경우가 대부분이고 대학졸업 후에 하라고 권한다.

그러나 지금 미국에서는 14세 창업이 유행이다. 거의 IT 분야이기는 하지만 이 아이들은 서로 몇 번째 창업이냐고 물을 정도로 부모들의 지원 속에 자신의 콘텐츠로 사업을 하고 있다. 부모들은 자녀가 어린 나이에 창업을 할 때 가장 두려워하는 것이 실패다. 그러나 사업으로 성공한 사람들의 경우 조사한 바에 따르면 사업을 일으키기까지 3.8번의 실패를 경험했다고 한다.

아이들이 어린 나이에 창업을 하고 실패한다 하더라도 빨리 실패했다면 빨리 배우는 길이고, 크게 실패했다면 크게 배운다는 마인드로 아이들의 도전을 격려하고 지지해주어야 한다. 사실 어린 나이에 실패와 좌절은 인생의 밑거름이 된다. 〈포트폴리오 인생〉을 쓴 찰스 핸디는 "경험, 그 중에서도 특히 실수한 경험을 돌아보는 일은 언제나 큰 도움이 된다. 경험을 곱씹어보는 일은 유년시절부터 계속되는 가장 중요한 학습방법이다" 라고 말했다. 실패야말로 인생을 연금술로 만드는 가장 확실한 길임이 분명하다.

오히려 대학을 졸업하고 회사를 다니다 40대에 창업을 하는 것이 더 위험할 수 있다. 이른 나이에 창업을 하고 실패를 맛보았다 하더라도 그 실패를 바탕으로 이 아이들은 적어도 40대에는 기반을 잡기 때문이다. 부모들은 아이의 실패도 하나의 교육 과정 이라 생각하는 태도가 필요하며, 아이의 실패를 어떻게 의미화하여 아이 인생에 도움 이 되도록 할 것인지를 고민해야 한다.

맹자는 영재를 키우는 것이 '인생의 3가지 기쁨 중의 하나'라고 했다. 엄마도 이렇 게 미래교육 3스텝을 하다 보면 아이가 영재가 아니더라도 조금씩 성장해나갈 것이고, 자녀가 성장하는 모습을 보는 것도 자녀를 키우는 부모로서 제일 큰 기쁨이 될 것이다. 실제 활용해볼 수 있는 구체적 방법들은 그리 어렵지도 않다. 실천해보며 그 과정과 결 과를 즐기며 확인해보도록 하자.

- 토론한다. 주제는 자녀 콘텐츠에 관련된 도서, 시사, 주변 이야기 등 다양하다.
- 용돈을 통한 경제 교육을 한다.
- 청소년 창업협회 동아리 참여를 권유한다.
- 특허를 내거나 소규모 창업을 경험하게 한다.
- 책 출판을 해본다. 과거에는 전문가만이 출판을 했지만 지금은 책을 써야 전문 가가 되는 시대에 살고 있다. 아이가 쌓은 콘텐츠를 책으로 내는 것도 사회에서 인정과 평가를 받을 수 있는 방법이다.
- 독서하게 한다. 지식창조시대에는 독서의 힘, 즉 인문학이 더 중요한 가지가 될 것이다. 꾸준한 독서 습관이 필요하다.
- 이 모든 것에는 부모의 역할이 있다. 일의 중요성과 일에 대한 긍정적인 태도와 같은 직업가치관을 심어주는 대화를 꾸준히 한다.

# 오늘도 내일도,
# 엄마는 아이의 행복한 삶을 소망한다

대한민국의 아이들은 부모가 요구하는 성적을 내기 위해 한순간의 일탈도 허용되지 않는 삶을 살고 있다. 지금 시스템은 중간고사나 기말고사 하나라도 잘못 보면 큰 타격을 입는다고 부모들은 아이의 고민이나 감정에 귀 기울이지 않고 앞만 보고 달려가라 한다. 그러다 보니 아이들은 자신의 감정을 들여다볼 시간도 그 감정을 처리할 방법도 모른 채 어른이 되어가고 있다. 세상은 점점 EQ(정서지능)와 창의력이 중요해지고 있는 시점에 아이들은 세상과 거꾸로 가는 열차를 타고 무한 질주하는 느낌이다.

〈설국열차〉란 영화에서 주인공인 아버지가 열차 밖에 봄이 오고 있음을 알아차리고 딸과 빙하라는 환경 때문에 계속 달려야만 하는 설국열차에서 용기 있게 내리는 장면이 떠오른다. 지금 대한민국 교육 환경은 계속 좋은 성적을 위해 앞 칸으로 앞 칸으로 나아가야 했던 설국열차 사람들처럼 앞 칸에 무엇이 있는지도 모르고 우리 아이들과 부모들은 남들처럼 앞 칸으로 나아가고 있다. 그러나 시대는 바뀌어 설국열차 밖에는 봄이 오고 있음에도 우리는 그곳을 뛰어내리지 못하는 대부분의 사람들 같다.

그러나 이제는 산업사회가 아닌 지식창조사회라는 봄이 오고 있다. 지식창조사회는 바뀌고 있는 시대적 변화를 알아차려 용기 있고 과감한 결정을 하는 소수의 사람들의 몫이 될 것이다. 아니 그렇게 되고 있다.

이제는 속도보다는 가야 할 방향과 목표가 중요해졌다. 부모가 시대의 흐름을 파악하고 지식창조사회가 원하는 인재 즉 정말 행복하게 자신의 능력을 발휘하며 사는 아이로 키워야 한다. 파울로 코엘료는 부모가 강요했던 법대를 그만두고 작가가 되었고, 〈보바리 부인〉을 쓴 귀스타브 플로베르는 의대에 가라는 부모의 뜻을 거역하고 작가로 성공하였다.

파울로 코엘료는 〈연금술사〉에서 "우리 모두 자신의 보물을 찾아 전보다 더 나은 삶을 살아가는 것 그게 연금술인 거지"라고 말했다. 우리 아이들 안에 내재된 보물을 찾아 그들만의 삶을 사는 것, 그것이 바로 내 아이 삶의 연금술이다. 이것을 가장 방해하는 것은 부모의 욕심이다. 부모의 욕심은 아이의 인생을 낭비하게 만든다.

이제는 아이들을 위해서라도 부모가 결집해야 한다. 어차피 선발

시스템은 어느 시대건 모두의 욕망을 반영하지 못했다. 언제나 불만족스러웠고 모두를 만족시키는 선발시스템이란 존재하지 않는다.

이제는 부모가 나서야 한다. 아이를 행복하게 하려면 아이의 특성을 인정해주고, 특성이 발휘될 자리를 마련해주고, 자라는 속도를 수용하며 기다려주어야 한다. 그래야 아이들은 부모에게 사랑받는다는 것을 느끼고 자신이 진정한 자신으로 살아갈 수 있다. 부모가 아이들에게 해줄 수 있는 것은 이것이다.

우리 아이들은 개개인성을 인정받고 진정한 자신이 될 수 있는 사회에 살아가길 원하고 있다. 부모는 아이들의 이런 바람을 이루어줘야 한다. 이것이 대한민국 엄마들에게 지금 주어진 과제이자 책무다. 이것을 느끼고 아이의 행복을 위해 실천한다면 대한민국은 바로 엄마가 희망이 될 것이다.

· 절대적으로 아이의 가능성을 믿어주자.
· 아이가 하는 모든 일에 지원자가 되어 함께 즐기자.
· 아이가 다른 길로 가더라도 간섭하거나 개입하거나 비난을 하지 말자. 그것이 아이들의 길이기 때문에 갈 뿐임을 인정하자.
· 호기심을 꺾지 말자.
· 시도하는 것을 격려해주자.
· 실패할 기회를 주자. 그래야 미래예측능력이 생긴다.
· 전체 경험을 통해 디테일을 가질 수 있도록 해주자.
· 아이가 관심을 갖는 분야의 전문가들과 만날 기회를 주자.

· 아이가 관심 갖는 분야의 핵심 장소에 들어가도록 도와주자.

· 전문가들 아래 도제교육의 경험을 주자.

· 학교공부에서 느긋하게 뒤로 물러나자.

· 아이들의 시간을 가장 소중히 여기자. 지금 사교육과 학과 공부가 과연 아이의 미래를 위해 정말 필요한 것인가를 이제는 성찰해보도록 하자.

· 스스로 선택할 기회를 주자. 아이들의 결정은 언제나 옳다. 그 이유는 아이들은 미래를 호흡하고 있으니까.

· 맞춤식 교육을 해주자. 그래야 스페셜리스트가 된다. 공교육은 제너럴리스트만 만들 뿐이다.

· 길이 없는 길을 가고자 할 때 박수를 쳐주자. 그것은 내 아이만이 만드는 길이므로.

· 공부는 학교에서 하는 것이라는 편견에서 벗어나자.

· 아이의 독서와 체험을 하나로 연결시켜 주자.

· 앞으로는 융합의 시대이므로 여기저기 기웃거리는 아이를 격려하자.

· 마지막으로 내 자녀가 이랬으면 하는 아이의 미래상을 머리에서 확 지워버리자. 만약 아이가 부모가 그린 대로 된다면 그 아이는 산업사회의 아이가 되어 반드시 실업자가 될 것이다.

엄마인 우리는 오늘도 내일도 내 아이의 행복을 소망한다!

1. 〈아직도 가야 할 길〉 M. 스캇 펙 저, 최미양 역 | 율리시즈
2. 〈제 3의 물결〉 앨빈 토플러 저, 원창엽 역 | 홍신문화사
3. 〈소유의 종말〉 제러미 리프킨 저, 이희재 역 | 민음사
4. 〈코끼리와 벼룩〉 찰스 핸디 저, 이종인 역 | 모멘텀
5. 〈직업의 종말〉 테일러 피어슨 저, 방영호 역 | 부키
6. 〈창업, 7일이면 충분하다〉 댄 노리스 저, 윤상용 역 | 매일경제신문사
7. 〈부의 추월차선〉 엠제이 드마코 저, 신소영 역 | 토트출판사
8. 〈일자리혁명 2030〉 박영숙, 제롬 글렌 공저, 이희령 역 | 비즈니스북스
9. 〈화폐전쟁〉 쑹훙빙 저, 차혜정 역 | 알에이치코리아
10. 〈피로사회〉 한병철 저, 김태환 역 | 문학과지성사
11. 〈린치핀 〉 세스 고딘 저, 윤영삼 역 | 라이스메이커
12. 〈평균의 종말〉 토드 로즈 저, 정미나 역 | 21세기북스
13. 〈과학적 관리의 원칙〉 F. W. 테일러 저, 박진우 역 | 박영사
14. 〈리더십을 재설계하라〉 존 마에다 저, 윤송이 역 | 럭스미디어
15. 〈21세기 신천재들〉 동아일보 문화부 저 | 동아일보사
16. 〈감시와 처벌〉 미셸 푸코 저, 오생근 역 | 나남
17. 〈1984〉 조지 오웰 저, 정회성 역 | 민음사
18. 〈톰 피터스의 미래를 경영하라〉 톰 피터스 저, 정성묵 역 | 21세기북스
19. 〈학력파괴자들〉 정선주 저 | 프롬북스
20. 〈재능은 어떻게 단련되는가?〉 제프 콜빈 저, 김정희 역 | 부키
21. 〈아웃라이어〉 말콤 글래드웰 저, 노정태 역 | 김영사
22. 〈홀로그램 우주〉 마이클 탤보트 저, 이균형 편 | 정신세계사
23. 〈부자 아빠, 가난한 아빠〉 로버트 기요사키 저, 안진환 역 | 민음인
24. 〈이제는 아버지가 나서야 한다〉 이해명 저 | 동아일보사
25. 〈비범성의 발견〉 하워드 가드너 저, 문용린 역 | 해냄
26. 〈찰스 핸디의 포트폴리오 인생〉 찰스 핸디 저, 강혜정 역 | 에이지21
27. 〈보바리 부인〉 귀스타브 플로베르 저, 민희식 역 | 문예출판사
28. 〈연금술사〉 파울로 코엘료 저, 최정수 역 | 문학동네
29. 〈해리포터 시리즈〉 조앤 K. 롤링 저, 강동혁 역 | 문학수첩

*엄마의 학교에서 추천하는 29권의 책은 본문에 소개된 순서대로 정리하였습니다.

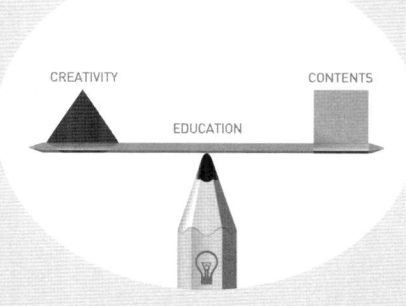

행복한 아이로 키우는 미래교육법

# 엄마의 학교

**초판 1쇄 발행** | 2020년 5월 18일

**지은이** | 백은영
**펴낸이** | 이종일

**펴낸곳** | 버튼북스
**주소** | 경기도 부천시 소삼로38 휴안뷰 101동 602호
**출판등록** | 351-95-01072
**전화** | 02-6052-2144
**팩스** | 02-6082-2144
**이메일** | jong7068@naver.com

ⓒ백은영, 2020

**정가** | 14,000원
ISBN 979-11-87320-40-1  13370